Brandt

Aktien im Gesundheitswesen

Erfolgreich an der Börse in die Medizin der Zukunft investieren

Aktien im Gesundheitswesen

Erfolgreich an der Börse in die Medizin der Zukunft investieren

von

Dr. Florian Brandt

medhochzwei

Bibliografische Information der Deutschen Nationalbibliothek

Die Deutsche Nationalbibliothek verzeichnet diese Publikation in der Deutschen Nationalbibliografie; detaillierte bibliografische Daten sind im Internet über http://dnb.d-nb.de abrufbar.

Bei der Herstellung des Werkes haben wir uns zukunftsbewusst für umweltverträgliche und wiederverwertbare Materialien entschieden.

Der Inhalt ist auf elementar chlorfreiem Papier gedruckt.

ISBN 978-3-98800-182-5
ISBN eBook: 978-3-98800-183-2

69115 Heidelberg
Alte Eppelheimer Str. 42/1
E-Mail: info@medhochzwei-verlag.de
Web: www.medhochzwei-verlag.de

Informationen zur Produktsicherheit finden Sie unter www.medhochzwei-verlag.de/Produktsicherheit

Satz: Reemers Publishing Services GmbH, Krefeld
Umschlaggestaltung: medhochzwei Verlag GmbH, Heidelberg
Umschlagumsetzung: kreativmedia KONZEPTION & DESIGN, Hückelhoven
Druck: ADverts printing house, Riga
A001

Vorwort

Ich schreibe dieses Buch zu einer Zeit, in der sich das weltweite Aktienvermögen überproportional in den USA allokiert und dort insbesondere in den sogenannten „Magnificent Seven" – den Technologiegiganten Apple, Microsoft, NVIDIA & Co. Viele Investoren* fragen sich bereits, welche Unternehmen wohl von der nächsten Stufe des KI-Booms profitieren und welche weiteren Megatrends die künftigen Entwicklungen am Aktienmarkt beeinflussen. Hier kommt das Gesundheitswesen ins Spiel – eine Branche mit zukunftsorientierten, teilweise sogar revolutionären Geschäftsmodellen, für die sich derzeit jedoch kaum ein Börsianer interessiert. In der Branche befinden sich innovative KI-Anwendungen bereits vielfach im praktischen Einsatz und treffen auf ganz grundlegende Bedarfe. Darüber hinaus sorgen Katalysatoren wie der demografische Wandel oder die Digitalisierung der Gesundheitsversorgung für langfristiges Wachstumspotenzial. Da das Risiko für viele Erkrankungen wie Krebs, Stoffwechselstörungen oder Herz-Kreislauf-Erkrankungen mit zunehmendem Alter steigt, nimmt in alternden Gesellschaften auch die Nachfrage nach medizinischen Leistungen kontinuierlich zu. Gleichzeitig etablieren sich Plattformen, die Gesundheitsleistungen im digitalen Raum anbieten – ein Geschäftsmodell, von dem wir bereits aus diversen anderen Branchen um die Skalierbarkeit wissen. Hinzu kommen geopolitische Entwicklungen wie der zunehmende Protektionismus, der im Jahr 2025 prominent in Form Trumpscher Zoll-Deals in Erscheinung tritt. Diese verzerren den globalen Wettbewerb, was sowohl Gesundheitsunternehmen mit lokaler Wertschöpfungskette als auch schwer substituierbare Innovationsführer im Gesundheitswesen potenziell stärkt und strategische Investitionen zusätzlich attraktiv macht.

Vorausschauende Investoren wittern spätestens jetzt einen guten Zeitpunkt, um sich mit diesem aussichtsreichen Sektor zu beschäftigen und dort systematisch auf die Suche nach den unterbewerteten „Perlen" zu gehen. Echte Perlen findet allerdings nur, wer sich in den Untiefen dieser anders tickenden

---

* Es wird großen Wert auf die Gleichberechtigung der Geschlechter gelegt. Das in diesem Buch verwendete generische Maskulinum wird aus Gründen der besseren Lesbarkeit neutral für alle Geschlechter gleichermaßen verwendet.

Branche zurechtfindet, deren Besonderheiten kennt und die zentralen Mechanismen versteht. Zwar ist das „Geschäft mit der Gesundheit" aufgrund der strengen Regulierung komplizierter, gleichzeitig aber auch berechenbarer als in der klassischen Konsumgüterindustrie. Die Markterschließung mit neuen Produkten und Dienstleistungen folgt klaren Pfaden: Auf gute Studienergebnisse folgt Zulassung, folgt Aufnahme in Behandlungsleitlinien, folgt zunehmende Inanspruchnahme, folgt Umsatz. Parallel wehren stabile Burggräben wie der Patentschutz die Konkurrenz ab. Gerade vor dem Hintergrund potenzieller Handelskonflikte gewinnt die Investition in schwer substituierbare High-Tech-Unternehmen mit Patentschutz zusätzlich an Relevanz. Dieses Buch richtet sich an alle, die das Gesundheitswesen nicht nur verstehen, sondern auch an dessen Zukunft partizipieren möchten. Es beleuchtet Megatrends wie die Silver Society, Health AI oder die personalisierte Medizin und zeigt auf, wie diese Entwicklungen die Gesundheitsversorgung neu formen. Zugleich hilft es Anlegern dabei, börsennotierte Unternehmen zu identifizieren, die durch innovative oder sogar revolutionäre Geschäftsmodelle eine führende Rolle in der Medizin von morgen übernehmen könnten.

Aber was qualifiziert ausgerechnet mich dazu, Aufklärungsarbeit zu diesem Thema zu leisten? Seit einigen Jahren verantworte ich bei einer Krankenversicherung die Identifikation, wissenschaftliche Bewertung und Markteinführung innovativer Technologien, mit der wir die medizinische Versorgung für unsere Versicherten qualitativ besser und gleichzeitig kostengünstiger machen wollen. Beispielsweise finanzieren wir als erster Krankenversicherer in Europa den Einsatz künstlicher Intelligenz in der Lungenkrebsdiagnostik. Die genannte Zielsetzung ist übrigens kein Widerspruch, denn: Der gesunde Versicherte ist in aller Regel auch der günstige Versicherte. Unser zentrales Scouting-Format ist der Healthy Hub – eine Art „Die Höhle der Löwen" für den deutschen Gesundheitsmarkt. Im Rahmen meiner Tätigkeit agiere ich an der Schnittstelle zwischen Einrichtungen der Gesundheitsversorgung (z. B. Arztpraxen oder Krankenhäuser), Krankenversicherungen und der Industrie. Dadurch kenne ich die Perspektiven der unterschiedlichen Akteure aus erster Hand und erhalte einen vielseitigen Einblick in die zentralen Trends und Entwicklungen der Branche.

Allerdings hatte ich vor einigen Jahren noch kaum Erfahrung auf dem „Spielfeld Börse". Dankenswerterweise leben wir jedoch in einer Zeit, in der einige der Top-Börsenprofis unseres Landes ihr wertvolles Wissen auf YouTube mit uns allen teilen. Diese Chance habe ich genutzt und mich im Selbststudium über mehrere Jahre an der „YouTube-University" zu einem umfassend informierten sowie mental resilienten Investor mit Healthcare-Fokus weiterentwickelt. Dieses hieraus resultierende Buch konzentriert sich nun auf innovative börsennotierte Unternehmen aus der Gesundheitsbranche und ihren Market-Fit. Insofern liefert es eine einzigartige Ergänzung für fortgeschrittene Investoren, die sich bereits Grundkenntnisse übers Aktieninvestieren sowie die Analyse börsennotierter Unternehmen angeeignet haben. Für eine grundlegendere Beschäftigung mit dem Thema Börse empfehle ich gerne die herausragenden Kanäle folgender YouTube-Pioniere für finanzielle Bildung:

- Finanzfluss als „Grundlagenstudium" für das Börsen-1x1,
- Mario Lochner und Timo Baudzus für Top-Interviews mit renommierten Experten und
- Moritz Hessel für chancenorientierte Investmentideen „out of the box".

Auf Seiten der professionellen Investoren und Portfoliomanager haben mich insbesondere Dr. Andreas Beck, Dr. Gerd Kommer, Dr. Hendrik Leber, Frank Thelen und Dr. Markus Elsässer inspiriert – jeder auf seine Art – wofür ich sehr dankbar bin. Mein besonderer Dank gilt Lisa Osada mit ihrem inspirierenden Finanzblog „Aktiengram" sowie Prof. Dr. Heinz Lohmann mit seinem Web-TV-Talk „MENSCH GESUNDHEIT!", die dieses Buch mit ihren fundierten Statements bereichern.

Natürlich ist kein Mensch perfekt. Egal wie viele akademische Titel jemand hat, wie erfolgreich jemand vermeintlich ist oder wie selbstbewusst jemand auftritt: Niemand liegt bei allem richtig – auch ich nicht. Wenn ich in diesem Buch mit einer Aussage richtig liege, kann ich mit einer anderen trotzdem falsch liegen. Das gleiche gilt natürlich auch umgekehrt. Wägt das Gelesene daher immer im Kontext dessen ab, was andere Experten sagen, die schlüssig argumentieren und sich im jeweiligen Bereich nachweislich auskennen. Lasst im Anschluss alle aufgenommenen Informationen zusätzlich durch den Filter eurer eigenen Gedanken laufen und gleicht sie mit eurer eigenen Erfahrungswelt ab. Entscheidungen trefft und verantwortet ihr letztendlich immer selbst!

Bevor wir nun in die Welt der Aktien im Gesundheitswesen eintauchen, möchte ich noch auf einige Grundsätze hinweisen, denen ich beim Investieren folge. Das soll euch dabei helfen, meinen Anlagestil besser nachvollziehen zu können:

- Hinter jedem Geschäftsmodell stecken echte Menschen: Mitarbeiter, Kunden und Investoren haben grundsätzlich alle ein Interesse am Fortbestand des jeweiligen Geschäftsmodells. Wer sich in Form von Aktienkäufen an Geschäftsmodellen beteiligt, treibt also kein Glücksspiel, sondern lässt, im wahrsten Sinne des Wortes, sein Geld für sich arbeiten.
- Time in the Market beats Timing the Market: Wer dabei sein will, wenn es gut läuft, muss manchmal auch dabei sein, wenn es schlecht läuft. Den perfekten Ein- und Ausstiegszeitpunkt erwischt auf Dauer niemand. Wenn ich ein Geschäftsmodell gründlich geprüft und eine fundierte Hypothese hierzu aufgestellt habe, kann ich stets gut schlafen – auch wenn es zwischendurch mal bergab geht. Gegebenenfalls bleibe ich investiert und bin zuversichtlich, dass ein gut aufgestelltes und diversifiziertes Portfolio auf lange Sicht auch gut performed. Bei der Eröffnung neuer Positionen gehe ich nie „All in", sondern baue meine Positionen über einen Zeitraum von mindestens mehreren Monaten auf. Eine Verkaufsaktion starte ich erst dann, wenn Informationen bekannt werden, die einen fundamentalen Einfluss auf die ursprüngliche Hypothese haben – z. B. eine finanzielle Schieflage, die das Insolvenzrisiko signifikant erhöht.
- Sei anspruchsvoll, aber nicht pingelig: Dass mal ein Quartalsziel verfehlt wird, ist in einem so komplexen Marktumfeld völlig normal. Beispielsweise kann es durchaus passieren, dass ein Unternehmen mit einem hochinnovativen Produkt nicht immer exakt im Zeitplan liegt, wenn es anhand einer aufwendigen klinischen Studie unter einer Vielzahl von Patienten an unterschiedlichen Studienstandorten einen therapeutischen Nutzen nachzuweisen versucht.
- ETF-Sparen vs. Stock Picking: Im Durchschnitt erzielen aktiv gemanagte Aktienportfolios eine Underperformance gegenüber branchen- und regionenübergreifenden Marktindizes wie dem MSCI

World – das ist evident. Nun gibt es zwei Möglichkeiten, hierauf zu reagieren: a) Man beschränkt sich aufs breit gestreute ETF-Investieren oder b) man versucht die Fehler der Underperformer konsequent zu vermeiden. Hierzu zählen zum Beispiel Investments in Geschäftsmodelle, die man nicht richtig versteht, emotionale Reaktionen auf Kursrückgange oder aufgrund von FOMO (Fear of missing out) getätigte Käufe. Auch kommt eine Mischstrategie, z. B. eine Core-Satellite-Strategie, in Betracht: Je nach individueller Risikobereitschaft, kann der Anteil von Einzelaktien und ETFs im Portfolio variiert werden. Grundsätzlich gilt: Je höher der ETF-Anteil, desto geringer das Risiko.

- Schwarze Schwäne: Wenn morgen ein Universal-Medikament entwickelt wird, das alle Krankheiten heilen kann und die Kurse aller anderen Healthcare-Unternehmen auf Null abstürzen lässt, ist dadurch trotzdem nicht meine finanzielle Existenz gefährdet. Ich setze nie alles auf eine Karte und kann mir gegebenenfalls immer noch meine Wohnungsmiete und den Lebensmitteleinkauf leisten. Idealerweise bin ich in das Unternehmen investiert, das das Universal-Medikament vermarktet.

Jetzt aber genug der Vorworte: Viel Spaß beim Lesen und viel Erfolg beim Investieren!

Euer Florian

DISCLAIMER

Die nachfolgenden Informationen stellen keine Anlageberatung, keine Anlageempfehlung und keine Aufforderung zum Erwerb oder zur Veräußerung bestimmter Wertpapiere dar. Sämtliche Informationen geben ausschließlich meine persönliche Meinung wieder und dienen allein der Unterhaltung.

Inhalt

1 Gesundheit – ein kostbares Gut

Der Philosoph Arthur Schopenhauer prägte einst den Satz: „Gesundheit ist nicht alles, aber ohne Gesundheit ist alles nichts.“ Das gilt auch im Kontext des Investierens. Finanzieller Erfolg erfordert eine klare Entscheidungsfähigkeit, Ausdauer und strategisches Denken – all das ist nur mit guter Gesundheit langfristig möglich. Zudem sind selbst die größten finanziellen Erfolge ohne körperliches und mentales Wohlbefinden kein Genuss. Daher beschäftigen wir uns in diesem einleitenden Kapitel zunächst mit der Gesundheit selbst. Wer gesundheitsbewusst lebt, ist stets im Thema. Das hilft dabei, Trends, Bedürfnisse und Innovationen im Gesundheitssektor frühzeitig zu erkennen und fundiertere Investitionsentscheidungen zu treffen. Zudem fördert ein gesunder Lebensstil die kognitive Leistungsfähigkeit sowie die emotionale Stabilität, die für langfristigen Erfolg in diesem dynamischen und anspruchsvollen Markt entscheidend sind. Daher lautet ein erster und ganz wichtiger Tipp: Pflege deine Gesundheit mindestens so gut wie dein Portfolio.

Mens sana in corpore sano

Die enge Verbindung zwischen Körper und Geist ist seit Jahrtausenden bekannt. Schon die Römer wussten um diese Weisheit und prägten den Ausdruck „Mens sana in corpore sano" – „Ein gesunder Geist in einem gesunden Körper". Diese Idee beschreibt nicht nur eine Idealvorstellung, sondern verweist auf die Realität, dass körperliches Wohlbefinden und geistige Gesundheit in vielerlei Hinsicht untrennbar miteinander verknüpft sind. Doch in unserer modernen Zeit, in der die Medizin immense Fortschritte gemacht hat, stehen wir vor der Herausforderung, Körper und Geist einerseits differenzierter zu betrachten und andererseits deren Verflechtung nicht aus den Augen zu verlieren. Daher geht es in diesem einleitenden Kapitel darum, eine Abgrenzung zwischen physischen und psychischen Erkrankungen vorzunehmen und gleichzeitig zu erörtern, wie sie sich wechselseitig beeinflussen können.

Die Trennung von Körper und Geist

Physische und psychische Erkrankungen werden in der Medizin traditionell voneinander getrennt. Unter physischen Erkrankungen verstehen wir körperliche Leiden wie Infektionen, Verletzungen, Herzkreislauf- oder Stoffwechselerkrankungen. Diese Erkrankungen lassen sich meist durch physische Symptome wie Schmerzen, Schwellungen, Fieber oder Einschränkungen in der Beweglichkeit erkennen und diagnostizieren. Die Ursachen sind häufig klar definierbar und können durch bildgebende Verfahren, Bluttests oder andere medizinische Untersuchungen festgestellt werden.

Psychische Erkrankungen hingegen betreffen das Denken, Fühlen und Verhalten. Dazu gehören beispielsweise Depressionen, Angststörungen, Schizophrenie und bipolare Störungen. Die Diagnosestellung basiert hier meist auf psychologischen Tests, Gesprächen und Fragebögen, die Einblicke in das subjektive Erleben und Verhalten der Betroffenen geben. Da psychische Erkrankungen in der Regel keine direkt sichtbaren körperlichen Symptome aufweisen, war es lange Zeit üblich, sie als weniger „real" oder als eine Art „Verhalten" zu betrachten. Heutzutage wissen wir jedoch, dass auch psychische Erkrankungen auf körperliche Ursachen zurückzuführen sein können, etwa auf Stoffwechselstörungen, Nährstoffmängel oder strukturelle Veränderungen im Gehirn.

Die Trennung zwischen physischen und psychischen Erkrankungen ist zum Teil historisch bedingt und geht bis auf Philosophen wie René Descartes zurück, der den „Dualismus“ von Körper und Geist propagierte. Diese Dichotomie prägte Jahrhunderte lang das medizinische Verständnis. Doch mittlerweile haben zahlreiche Studien gezeigt, dass diese Trennung zwar praktikabel, jedoch nicht so klar ist, wie es zunächst scheint. Es ist mittlerweile unumstritten, dass psychische Erkrankungen biologische Grundlagen haben können und dass physische Erkrankungen oft mit psychischen Beeinträchtigungen einhergehen.

In der Versorgungsrealität wird das Zusammenspiel unterschiedlicher Erkrankungen bisweilen nicht angemessen berücksichtigt. Die medizinische Ausbildung und die Versorgung mit Gesundheitsleistungen sind klassischerweise in verschiedene Fachdisziplinen gegliedert. Zu den wichtigsten Disziplinen gehört die Allgemeinmedizin, die als erste Anlaufstelle für Patienten dient und dann in spezialisierte Bereiche wie die Kardiologie für Herz-Kreislauf-Erkrankungen, die Neurologie für das Nervensystem, die Onkologie für Krebserkrankungen oder die Psychiatrie bzw. Psychotherapie für mentale Leiden überweist. Darüber hinaus gibt es operative Disziplinen wie die Chirurgie, präventive Fachbereiche wie die Arbeitsmedizin sowie unterstützende Disziplinen wie die Physiotherapie. Diese an Fachdisziplinen orientierte Struktur ermöglicht zwar, spezifische gesundheitliche Bedürfnisse fokussiert zu adressieren, ist für ein ganzheitliches Verständnis jedoch nicht immer förderlich.

Wechselwirkungen zwischen Körper und Geist

Körperliche und psychische Gesundheit beeinflussen sich wechselseitig in vielfältiger Weise. So ist bekannt, dass Menschen mit chronischen physischen Erkrankungen wie Diabetes oder Herzproblemen ein erhöhtes Risiko für psychische Erkrankungen wie Depressionen oder Angststörungen haben. Umgekehrt zeigen Menschen mit psychischen Erkrankungen häufig ein erhöhtes Risiko für körperliche Erkrankungen. Die Mechanismen dieser Wechselwirkungen sind komplex und umfassen hormonelle, neurologische und immunologische Prozesse.

Körperliche Leiden, insbesondere wenn sie chronisch sind, können eine enorme Belastung für die Psyche darstellen. Schmerzen, Bewegungseinschränkungen, Isolation und der Verlust an Autonomie belasten viele Patienten emotional sehr stark. Die Belastung entsteht beispielsweise aus dem Gefühl, eingeschränkt zu sein und bestimmte Lebensziele möglicherweise nicht mehr erreichen zu können. Auch das soziale Leben kann leiden, da die Betroffenen oft weniger an Freizeitaktivitäten teilnehmen können und das Gefühl haben, eine „Last" für ihre Angehörigen zu sein. Zusätzlich begünstigt die Erfahrung der Abhängigkeit von medizinischen Behandlungen und Hilfsmitteln die Entstehung negativer Gefühle wie Scham, Angst und Wut. Die daraus resultierenden mentalen Belastungen verstärken wiederum das körperliche Leiden. So kann eine Depression die Schmerzempfindlichkeit erhöhen, den Schlaf stören und das Immunsystem schwächen, was den Verlauf der physischen Erkrankung verschlechtern kann.

Ebenso können psychische Erkrankungen Auswirkungen auf die körperliche Gesundheit haben. Menschen mit Depressionen oder Angststörungen entwickeln häufiger chronische Erkrankungen wie Herzkreislaufprobleme, Diabetes oder Bluthochdruck. Dies hängt unter anderem mit Stresshormonen zusammen, die bei psychischer Belastung vermehrt ausgeschüttet werden. Chronischer Stress erhöht den Cortisolspiegel, was wiederum das Immunsystem schwächen, den Blutdruck erhöhen und die Zuckerstoffwechselregulation beeinflussen kann. Dadurch steigt das Risiko für körperliche Erkrankungen.

Auch das Verhalten spielt eine Rolle: Menschen mit psychischen Erkrankungen neigen häufig zu einem ungesünderen Lebensstil, sei es durch Bewegungsmangel, ungesunde Ernährung oder Substanzmissbrauch. Die Selbstfürsorge leidet dann unter den Symptomen der psychischen Erkrankung, was langfristig die körperliche Gesundheit beeinträchtigt. Zudem sind Schlafstörungen ein häufiges Begleitsymptom psychischer Erkrankungen, was wiederum eine Vielzahl von körperlichen Prozessen negativ beeinflussen kann – ein Teufelskreis.

In der GEDA-Studie 2009 wurde der Zusammenhang zwischen einer gesunden Lebensweise und der psychischen Gesundheit anhand der fünf wichtigen Lebensstilfaktoren „Obst- und Gemüsekonsum", „Sportliche Aktivität", „Gesundes Gewicht", „Nichtrauchen" und „Kein riskanter Alkoholkonsum" untersucht. Abbildung 1 zeigt hierauf basierend den Anteil an Frauen und Männern mit Beeinträchtigung der psychischen Gesundheit (diagnostizierte Depression, aktuelle seelische Belastung), nach Anzahl gesunder Lebensstilfaktoren und Geschlecht.

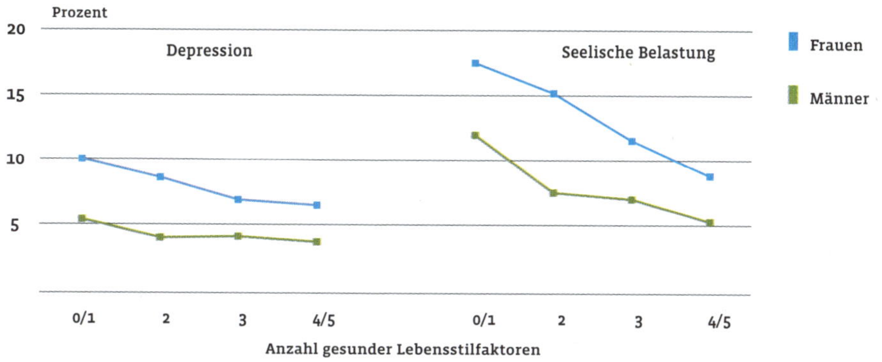

Abb. 1: Zusammenhang zwischen gesunder Lebensweise und psychischer Gesundheit

Quelle: Eigene Darstellung basierend auf GEDA-Studie 2009[1].

Es zeigt sich, dass eine größere Anzahl gesunder Lebensstilfaktoren mit einer geringeren Prävalenz von diagnostizierter Depression und seelischer Belastung verbunden ist. Dieser Zusammenhang ist bei Männern und Frauen ähnlich ausgeprägt. So sinkt die Depressionsrate bei Frauen mit einem gesunden Lebensstil (4 bis 5 Lebensstilfaktoren) im Vergleich zu jenen mit einer ungesunden Lebensweise (0 bis 1 Lebensstilfaktoren) von 10 % auf 7 %. Bei Männern mit mindestens vier gesunden Lebensstilfaktoren reduziert sich der Anteil an Depressionen von 7 % auf 4 %. Ebenso nimmt die Prävalenz seelischer Belastungen bei Frauen von 18 % auf 9 % und bei Männern von 12 % auf 5 % ab, wenn ein gesünderer Lebensstil verfolgt wird.

1 Geda Studie (2013): Daten und Fakten: Ergebnisse aus GEDA 2009. Online: https://www.rki.de/DE/Themen/Nichtuebertragbare-Krankheiten/Studien-und-Surveillance/Studien/GEDA/Geda2009/geda2009-einzelbeitraege.html [abgerufen am 13.5.2025]

Therapieansätze: Körper und Geist gemeinsam behandeln

In der modernen Medizin gewinnen sogenannte „ganzheitliche“ Therapieansätze an Bedeutung, die den Körper und Geist als ein zusammenhängendes System betrachten. So werden Patienten mit chronischen körperlichen Erkrankungen oft psychologische Begleittherapien angeboten, um den psychischen Belastungen entgegenzuwirken. Ebenso gewinnen in der Psychotherapie körperorientierte Ansätze an Bedeutung, beispielsweise Atemtechniken bei Angststörungen oder Bewegungs- und Sporttherapien bei Depressionen. So hat sich in dem mit ca. 2 Mio. Euro geförderten Projekt „STEP.De – Sporttherapie bei Depression“, an dem mehrere deutsche Krankenkassen und Universitäten beteiligten waren, eine Sporttherapie als gleichwertige Behandlungsoption im Vergleich zur standardmäßigen Psychotherapie bei der Behandlung von leichter bis mittelschwerer Depression erwiesen. Darüber hinaus weist die Sporttherapie eine höhere Kosteneffizienz im Vergleich zur Psychotherapie auf.

Ein weiteres Beispiel ist die psychosomatische Medizin, die sich mit den Wechselwirkungen von Körper und Psyche beschäftigt und insbesondere Erkrankungen behandelt, bei denen die Ursache häufig sowohl körperlich als auch psychisch ist. Typische psychosomatische Erkrankungen sind Reizdarmsyndrom, chronische Schmerzen ohne klare körperliche Ursache oder das chronische Erschöpfungssyndrom. In diesen Fällen wird die Bedeutung der psychischen Verfassung für den Verlauf der physischen Symptome besonders deutlich.

Medikamentöse Behandlungen können ebenfalls eine Rolle spielen, um sowohl psychische als auch physische Symptome zu lindern. Antidepressiva beispielsweise wirken nicht nur auf die Stimmung, sondern können auch die Schmerzempfindlichkeit beeinflussen, weshalb sie manchmal bei chronischen Schmerzen eingesetzt werden. Auf der anderen Seite kann eine gute Schmerzbehandlung die Stimmung verbessern, da der Schmerz eine zentrale Ursache für die psychische Belastung darstellt.

FAZIT UND VERTIEFUNG

Die Vorstellung eines gesunden Geistes in einem gesunden Körper ist mehr als nur ein philosophisches Konzept. Die Interaktion zwischen Körper und Geist hat in der Medizin eine konkrete Bedeutung. Obwohl es praktisch erscheinen mag, zwischen physischen und psychischen Erkrankungen zu unterscheiden, zeigt die Forschung, dass diese beiden Bereiche stark miteinander verknüpft sind. Ein umfassendes Verständnis von Gesundheit sollte daher sowohl körperliche als auch mentale Aspekte einschließen und die Wechselwirkungen zwischen beiden berücksichtigen. Für Betroffene kann ein solcher ganzheitlicher Ansatz besonders hilfreich sein, da er die Chance bietet, mehrere gesundheitliche Probleme gemeinsam anzugehen und aus der Negativspirale in eine Positivspirale zu kommen – quasi eine Transformation vom Teufels- zum Engelskreis.

Die Studie Gesundheit in Deutschland aktuell (GEDA) ist eine vom Robert Koch-Institut seit 2008 durchgeführte Datenerhebung zum Gesundheitszustand der in Deutschland lebenden Erwachsenen. GEDA ist Teil des Gesundheitsmonitorings, das das Robert Koch-Institut seit 2008 im Auftrag des Bundesministeriums für Gesundheit durchführt. Zur GEDA-Studie 2009 geht's hier:

Nähere Informationen zum Projekt „STEP.De – Sporttherapie bei Depression" finden sich hier:

Gesund bleiben vs. gesund werden

Die Vorstellung, gesund zu bleiben, steht im Gegensatz zum Ziel, gesund zu werden. Während das eine darauf abzielt, Krankheiten vorzubeugen und den Gesundheitszustand zu bewahren, fokussiert das andere auf die Wiederherstellung und bestmögliche Aufrechterhaltung der Gesundheit bei bereits bestehender Erkrankung. Um diesen Unterschied zu verstehen, ist es notwendig, die Prinzipien der Prävention, Kuration und Palliation zu betrachten und deren jeweilige Strategien sowie die Rolle der Diagnostik herauszuarbeiten.

Prävention: Krankheiten vorbeugen, bevor sie entstehen

Prävention hat zum Ziel, Erkrankungen zu verhindern oder ihre Entwicklung frühzeitig zu unterbrechen. Sie umfasst dabei verschiedene Stufen, die je nach Ziel und Zeitpunkt der Intervention unterschieden werden.

Die **Primärprävention** richtet sich an gesunde Menschen und will das Auftreten von Krankheiten grundsätzlich verhindern. Sie zielt darauf ab, bekannte Risikofaktoren zu reduzieren und gesundheitsfördernde Verhaltensweisen zu stärken. Beispiele hierfür sind Impfungen, gesunde Ernährung, regelmäßige körperliche Aktivität und Verzicht auf schädliche Substanzen wie Tabak und Alkohol. Primärprävention ist besonders im Hinblick auf chronische Krankheiten wie Herz-Kreislauf-Erkrankungen, Diabetes oder bestimmte Krebsarten von Bedeutung. Die Rolle der Diagnostik in der Primärprävention ist eher begrenzt, jedoch wichtig, wenn es darum geht, individuelle Risikofaktoren festzustellen. So werden genetische Tests oder Blutuntersuchungen herangezogen, um spezifische Risiken wie eine familiäre Veranlagung zu erkennen. Die Diagnostik ermöglicht es so, die Primärprävention gezielter zu gestalten und individuelle Risikofaktoren frühzeitig anzugehen.

Die **Sekundärprävention** setzt dann an, wenn eine Krankheit bereits im Frühstadium existiert, aber noch keine oder nur geringe Symptome verursacht. Ziel ist es, durch Früherkennung und rechtzeitige Behandlung den Verlauf der Krankheit günstig zu beeinflussen und Spätfolgen zu verhindern. Klassische Beispiele sind das Mammographie-Screening zur Früherkennung von Brustkrebs oder Vorsorgeuntersuchungen für Darmkrebs. Die Diagnostik spielt hier eine zentrale Rolle, da durch regelmäßige Tests und Screenings Erkrankungen frühzeitig entdeckt werden sollen. Moderne Diagnoseverfahren wie bildgebende Verfahren (z. B. Ultraschall, CT, MRT) oder Labortests bieten eine hohe Präzision und ermöglichen eine frühzeitige Intervention. Die Sekundärprävention ist ein wichtiger Baustein des Gesundheitswesens, um Erkrankungen, die sich nicht vollständig verhindern lassen, möglichst früh zu entdecken und so die Heilungschancen zu maximieren.

Die **Tertiärprävention** setzt bei Personen an, die bereits eine chronische oder schwerwiegende Krankheit haben. Ziel ist es, Komplikationen und Rückfälle zu verhindern sowie die Lebensqualität zu erhalten und Folgeschäden zu minimieren. Diese Form der Prävention kommt zum Einsatz bei chronischen Erkrankungen wie Diabetes, Herzkrankheiten oder nach Schlaganfällen und Operationen. Rehabilitationsmaßnahmen, physiotherapeutische Behandlungen, aber auch Schulungsprogramme zur Selbsthilfe sind zentrale Elemente der Tertiärprävention. Diagnostische Leistungen sind auch in der Tertiärprävention essenziell, um den Fortschritt der Erkrankung und die Wirkung der Behandlungsmaßnahmen zu überwachen. Regelmäßige Kontrollen und Monitoring, etwa des Blutzuckerspiegels bei Diabetikern oder der Herzfunktion bei Herzpatienten, ermöglichen es, frühzeitig auf Veränderungen zu reagieren und die Therapie individuell anzupassen.

Zusammengefasst ist die Prävention in drei Stufen unterteilt, die jeweils auf unterschiedlichen Ebenen ansetzen und von der Förderung allgemeiner Gesundheitsmaßnahmen bis hin zur spezialisierten Betreuung von chronisch Kranken reichen. Die Diagnostik begleitet alle Stufen der Prävention, indem sie hilft, Risiken zu erkennen, Krankheiten frühzeitig zu entdecken und bestehende Erkrankungen zu überwachen. Die Rolle der Prävention in der modernen Medizin ist groß, da sie nicht nur das individuelle Wohlbefinden, sondern auch die finanzielle Stabilität des Gesundheitssystems unterstützt, indem sie den Bedarf an kostenintensiven Akutbehandlungen reduziert.

Kuration: Gesund werden durch Heilung und Wiederherstellung

Kuration ist das direkte Bestreben, eine Krankheit zu heilen und die Gesundheit der betroffenen Person wiederherzustellen. In der kurativen Medizin steht die Therapie zwar im Mittelpunkt, aber auch eine umfassende Diagnostik ist unerlässlich, um die Erkrankung genau zu bestimmen und einen wirksamen Therapieansatz zu entwickeln. Sie beginnt oft mit einer ausführlichen Anamnese, gefolgt von physikalischen Untersuchungen und bildgebenden Verfahren. Je nach Verdachtsdiagnose werden gezielte Tests wie Blutanalysen, Gentests, endoskopische Eingriffe oder Biopsien durchgeführt, um die Ursache der Beschwerden genau zu ermitteln. Diagnostische Verfahren helfen, den Schweregrad und das Stadium der Erkrankung zu bestimmen und liefern wertvolle Informationen für die Therapieplanung.

Die moderne Medizin verfügt über eine breite Palette an Therapieformen, die je nach Art der Erkrankung und individuellem Gesundheitszustand des Patienten eingesetzt werden. Die Hauptziele der kurativen Therapie sind die Heilung, Linderung oder Stabilisierung der Krankheitssymptome und der Erhalt oder die Wiederherstellung der Lebensqualität. Im Folgenden werden die wichtigsten Therapieformen genauer beleuchtet.

Die **medikamentöse Therapie** ist eine der häufigsten und vielseitigsten Therapieformen. Medikamente werden bei zahlreichen Erkrankungen eingesetzt, sei es zur Bekämpfung von Infektionen, zur Regulierung von Stoffwechselprozessen oder zur Linderung von Schmerzen. Zum Beispiel sind Antibiotika bei der Bekämpfung bakterieller Infektionen unverzichtbar, während Schmerzmittel (Analgetika) häufig in der palliativen Pflege zur Schmerzlinderung genutzt werden. Antidepressiva und antipsychotische Medikamente sind wichtige Mittel in der Behandlung psychischer Erkrankungen, während Hormonersatztherapien bei endokrinologischen Problemen wie Schilddrüsenunterfunktion oder in der Menopause helfen. Die medikamentöse Therapie trägt so erheblich zur Lebensqualität und Funktionsfähigkeit der Betroffenen bei und ist in fast allen Bereichen der Medizin unverzichtbar.

Chirurgische Eingriffe kommen dann zum Einsatz, wenn eine mechanische Intervention erforderlich ist, um gesundheitliche Probleme zu beheben. Sie sind häufig die primäre Behandlungsoption bei akuten Erkrankungen wie Blinddarmentzündungen oder Unfällen mit schweren Verletzungen. Auch bei bestimmten chronischen Erkrankungen oder Krebserkrankungen kann die operative Entfernung von Tumoren oder erkranktem Gewebe lebensrettend sein. In der kurativen Medizin spielt die Chirurgie somit eine zentrale Rolle, indem sie viele Erkrankungen dauerhaft beheben oder deren Verlauf maßgeblich verbessern kann. Im Rahmen der Prävention finden chirurgische Eingriffe ebenfalls Anwendung, etwa in der prophylaktischen Entfernung von Gewebe bei hoher Krebswahrscheinlichkeit, wie es bei genetischen Prädispositionen für Brustkrebs der Fall sein kann.

Physikalische Therapien wie Physiotherapie, Ergotherapie und Logopädie sind insbesondere in der Rehabilitation und Tertiärprävention wichtig, um die Beweglichkeit, die Selbstständigkeit und die Kommunikationsfähigkeiten der Patienten zu fördern. Physiotherapie wird häufig nach Operationen oder Verletzungen angewendet, um die Mobilität und Muskelkraft wiederherzustellen. Ergotherapie unterstützt Menschen mit chronischen Erkrankungen oder Behinderungen dabei, alltägliche Fähigkeiten zu erhalten oder wiederzuerlangen, während die Logopädie bei Sprach- und Schluckstörungen hilft, die oft infolge von neurologischen Erkrankungen wie Schlaganfällen auftreten. Diese Therapien tragen maßgeblich zur Lebensqualität der Betroffenen bei, indem sie deren Selbstständigkeit fördern und so psychischen Belastungen vorbeugen.

Psychotherapie ist eine der zentralen Therapieformen für psychische und psychosomatische Erkrankungen und findet zunehmend auch bei körperlichen Krankheiten Anwendung, die psychische Belastungen mit sich bringen. Die kognitive Verhaltenstherapie beispielsweise hat sich bei der Behandlung von Angststörungen und Depressionen als besonders effektiv erwiesen. In der Verhaltensmedizin wird psychotherapeutische Unterstützung auch für Menschen mit chronischen Erkrankungen angeboten, um die Krankheitsbewältigung zu fördern und den Lebensstil positiv zu beeinflussen. Im palliativen Bereich hilft die Psychotherapie, Angst und Trauer zu verarbeiten und die emotionale Lebensqualität zu verbessern. Die Psychotherapie ist daher ein zentraler Bestandteil der ganzheitlichen Medizin und unterstützt Betroffene auf psychischer Ebene, ihre Krankheit zu bewältigen und die Lebensqualität zu steigern.

Strahlen- und Chemotherapien sind speziell in der Onkologie (Krebsbehandlung) von zentraler Bedeutung. Die Strahlentherapie zielt darauf ab, Krebszellen durch Bestrahlung abzutöten oder zu verkleinern, während die Chemotherapie mit Medikamenten arbeitet, die schnell wachsende Krebszellen zerstören. Beide Therapieformen haben das Potenzial, in frühen Krankheitsstadien heilend (kurativ) zu wirken oder fortgeschrittene Krebsstadien zu stabilisieren. Chemotherapien werden auch in der palliativen Behandlung angewendet, um das Tumorwachstum zu verlangsamen und Symptome zu lindern, wenn eine Heilung nicht mehr möglich ist. Die Wahl und Kombination dieser Therapieformen richtet sich nach der Art, Lage und dem Stadium der Krebserkrankung sowie nach der individuellen Belastbarkeit des Patienten.

Die verschiedenen Therapieformen – medikamentös, chirurgisch, physikalisch, psychotherapeutisch – bieten jeweils spezifische Ansätze zur Heilung, Linderung und Unterstützung von Patienten. Sie können alleine oder in Kombination eingesetzt werden, um individuelle Bedürfnisse abzudecken und die Gesundheit sowie die Lebensqualität zu optimieren. Die Wahl der Therapie richtet sich stets nach der Art der Erkrankung, dem Krankheitsstadium und den persönlichen Bedürfnissen und Zielen des Patienten. In der modernen Medizin ist es von zentraler Bedeutung, diese Therapieformen flexibel und patientenorientiert zu nutzen, um sowohl präventive, kurative als auch palliative Ziele bestmöglich zu erreichen.

Palliation: Linderung und Lebensqualität bei unheilbaren Krankheiten

Palliation befasst sich mit der Behandlung von Patienten, bei denen eine Heilung nicht mehr möglich ist. In solchen Fällen konzentriert sich die Medizin auf die Linderung von Symptomen und die Verbesserung der Lebensqualität. Palliation ist besonders in der Palliativ- und Hospizmedizin von Bedeutung, wo es darum geht, das Leiden von Menschen mit schweren und unheilbaren Erkrankungen zu mildern.

In der Palliation spielt die Diagnostik eine spezielle Rolle. Hier geht es weniger darum, die Ursache der Erkrankung zu finden oder den Krankheitsverlauf exakt zu bestimmen. Stattdessen liegt der Fokus auf der Beurteilung des Zustands der Patientinnen und Patienten, um eine bestmögliche symptomatische Versorgung zu gewährleisten. So können diagnostische Anwendungen beispielsweise helfen, Schmerzen, Atemnot oder andere belastende Symptome präzise zu erfassen und geeignete Linderungsmaßnahmen zu wählen. Bildgebende Verfahren, Laboruntersuchungen oder neurologische Tests können Aufschluss über Symptome geben, die die Lebensqualität der Betroffenen mindern.

Ziel der palliativen Medizin ist es, die Lebensqualität zu verbessern und Schmerzen, Unruhe, Atembeschwerden oder Übelkeit so weit wie möglich zu lindern. Dabei wirkt die palliative Therapie auf verschiedenen Ebenen: körperlich, psychisch, sozial und spirituell. Medikamente zur Schmerztherapie, psychologische Unterstützung, Physiotherapie und seelsorgerische Angebote gehören zum Standard. In vielen Fällen wird dabei eng mit einem interdisziplinären Team aus Ärzten, Pflegepersonal, Therapeuten und Sozialarbeitern zusammengearbeitet, um eine umfassende Betreuung zu gewährleisten.

Die Rolle der Diagnostik im Wechselspiel von Prävention, Kuration und Palliation

Die Diagnostik nimmt in allen Bereichen eine zentrale Rolle ein, wenngleich ihre Zielsetzungen unterschiedlich sind. In der Prävention ermöglicht sie die Risikoerkennung und Früherkennung von Erkrankungen, in der Kuration dient sie der gezielten Behandlungsplanung und in der Palliation hilft sie, Symptome kontinuierlich zu erfassen und die Lebensqualität der Patienten zu verbessern.

FAZIT UND VERTIEFUNG
„Gesund bleiben“ und „gesund werden“ sind keine zwangsläufigen Gegensätze, sondern zwei sich ergänzende Ansätze, die die verschiedenen Bedürfnisse und Stadien des Lebens abdecken. Ein umfassendes Gesundheitskonzept sollte sowohl präventive Maßnahmen umfassen, um Krankheiten zu vermeiden, als auch kurative und palliative Angebote bereithalten, um Patienten angemessen zu versorgen – je nach Bedarf und Krankheitsphase.

Eine Übersicht sowie Ausdifferenzierung der vielfältigen Therapieformen findet sich hier im DocCheck Flexikon, einem offenen Online-Lexikon, das der Aus- und Weiterbildung von Angehörigen und Studenten der medizinischen Fachkreise dient:

Volksgesundheit – gestern, heute und morgen

Volksgesundheit, auch als „Public Health“ bekannt, bezeichnet die Bemühungen, die Gesundheit der gesamten Bevölkerung zu fördern und Krankheiten vorzubeugen. Über die Jahrzehnte hinweg hat sich das Verständnis und die Praxis der Volksgesundheit stark verändert, beeinflusst durch wissenschaftliche Fortschritte, veränderte Lebensgewohnheiten und neue Herausforderungen. Dieser Wandel ist global spürbar und zeigt sich besonders in den Industrieländern, die oft die Vorreiterrolle in der Gesundheitsprävention und -förderung übernehmen.

Die Anfänge der Volksgesundheit: Erste Präventionserfolge und die Bekämpfung von Infektionskrankheiten

Die Anfänge der modernen Volksgesundheit gehen auf das 19. Jahrhundert zurück, als erste systematische Gesundheitsmaßnahmen zur Bekämpfung von Infektionskrankheiten wie Cholera, Tuberkulose und Pocken ergriffen wurden. In dieser Zeit wurde das Verständnis für Hygienemaßnahmen entwickelt, das grundlegende Fortschritte im öffentlichen Gesundheitswesen ermöglichte. Maßnahmen zur Verbesserung der Trinkwasserqualität, der Kanalisation und der Abfallentsorgung waren bahnbrechend, um die Ausbreitung von Infektionskrankheiten in dicht besiedelten Gebieten zu bekämpfen.

Mit verbesserten Hygienebedingungen sowie der Entwicklung von Impfungen und Antibiotika im 20. Jahrhundert konnten viele Infektionskrankheiten, die zuvor eine große Bedrohung darstellten, erheblich eingedämmt oder sogar ausgerottet werden. Pocken, Kinderlähmung und Masern wurden in den Industrieländern dank umfassender Impfprogramme nahezu eliminiert. Dennoch bleiben Infektionskrankheiten in vielen Entwicklungsländern eine große Herausforderung. Krankheiten wie Tuberkulose, Malaria und HIV sind in diesen Regionen nach wie vor weit verbreitet und stellen große gesundheitliche Belastungen dar.

Die Gründung von internationalen Gesundheitsorganisationen wie der Weltgesundheitsorganisation (WHO) 1948 stärkte die globale Zusammenarbeit und Koordination in der Bekämpfung von Epidemien und Pandemien.

Wandel zur Prävention von Zivilisationskrankheiten und Gesundheitsförderung

Nach den Erfolgen in der Bekämpfung von Infektionskrankheiten verschob sich der Fokus zunehmend auf chronische, nicht-übertragbare Erkrankungen (NCDs) und sogenannte „Zivilisationskrankheiten", die in den Industrienationen immer häufiger wurden. Ab den 1960er und 1970er Jahren rückten insbesondere Herzerkrankungen, Diabetes und Krebs in den Mittelpunkt, da diese Krankheiten nun als Hauptursachen für Todesfälle in vielen Industrieländern galten. Die steigende Lebenserwartung in den Industrieländern verstärkte die Prävalenz der genannten Krankheiten, da ältere Menschen ein höheres Erkrankungsrisiko aufweisen.

Durch gezielte Aufklärungskampagnen und die Einführung präventiver Programme, wie Herz-Kreislauf-Screenings, Maßnahmen zur Tabakkontrolle und Initiativen für gesunde Ernährung versuchten Gesundheitsbehörden, diese chronischen Erkrankungen einzudämmen. Die Reduktion von Tabakkonsum ist eines der erfolgreichsten Beispiele: Strenge Regulierungen, Werbeverbote und umfassende öffentliche Aufklärung führten in den meisten Industrienationen zu einem deutlichen Rückgang des Rauchens und einer damit verbundenen Abnahme von Tabak-assoziierten Krankheiten wie Lungenkrebs.

Mit der Entstehung von Gesundheitsförderungsprogrammen verlagerte sich das Verständnis von Volksgesundheit allmählich weg von der reinen Krankheitsprävention hin zur Förderung von Wohlbefinden und Resilienz. Die „Ottawa-Charta für Gesundheitsförderung“ aus dem Jahre 1986 betonte zum ersten Mal, dass Gesundheit nicht nur die Abwesenheit von Krankheit sei, sondern ein Zustand des körperlichen, psychischen und sozialen Wohlbefindens. Dies führte zur Entwicklung von Programmen zur Förderung psychischer Gesundheit, Bewegung und gesunder Lebensweise, die seither die Public Health in den Industrieländern prägen.

Gegenwärtige Herausforderungen in der Volksgesundheit: Digitalisierung, Pandemieprävention, soziale und psychische Gesundheit

In den letzten zwei Jahrzehnten ist die Volksgesundheit zunehmend durch die Digitalisierung geprägt worden, die sowohl neue Möglichkeiten als auch neue Herausforderungen mit sich bringt. Gesundheits-Apps, Wearables und digitale Gesundheitsplattformen ermöglichen es Menschen, ihre Gesundheit zu verfolgen und präventive Maßnahmen selbstständig zu ergreifen. Die „eHealth“- und „mHealth“-Bewegungen haben das Potenzial, den Zugang zu Gesundheitsinformationen und Dienstleistungen deutlich zu verbessern und Menschen weltweit zu unterstützen, ihre Gesundheit aktiv zu managen.

Allerdings bringt die digitale Gesundheitsversorgung auch Herausforderungen mit sich. Die zunehmende Digitalisierung und die damit verbundene sitzende Lebensweise sowie eine immer stärker verarbeitete Ernährung begünstigen Übergewicht und Bewegungsmangel, was das Risiko für Herz-Kreislauf-Erkrankungen und Diabetes weiter erhöht. Zudem haben nicht alle Bevölkerungsgruppen gleichermaßen Zugang zu digitalen Gesundheitslösungen, was die sozialen Ungleichheiten in der Gesundheitsversorgung weiter vergrößern könnte. Daher muss die Volksgesundheit sich heute auch mit Fragen der digitalen Gerechtigkeit auseinandersetzen, um sicherzustellen, dass digitale Gesundheitsinnovationen für alle zugänglich sind.

Eine weitere zentrale Herausforderung der Gegenwart ist die Pandemieprävention und die globale Zusammenarbeit bei der Bekämpfung von Infektionskrankheiten. Die COVID-19-Pandemie hat verdeutlicht, wie anfällig auch hochentwickelte Gesundheitssysteme für neuartige Infektionskrankheiten sind. In vielen Ländern sind Public-Health-Systeme inzwischen stärker auf Pandemievorsorge ausgelegt, mit verbesserten Monitoring- und Frühwarnsystemen und verstärkter Forschung im Bereich Epidemiologie. Die globale Zusammenarbeit und die Bereitschaft zur schnellen Reaktion auf Gesundheitskrisen werden entscheidend sein, um künftigen Pandemien besser begegnen zu können.

Zusätzlich richtet sich die Volksgesundheit zunehmend auf die Förderung sozialer und psychischer Gesundheit. Soziale Isolation, digitaler Stress und psychische Belastungen nehmen in modernen Gesellschaften zu und stellen einen wichtigen Faktor für die Volksgesundheit dar. In den letzten Jahrzehnten sind psychische Erkrankungen wie Depression, Angst- und Belastungsstörungen weltweit deutlich angestiegen, insbesondere in den Industrienationen. Psychische Erkrankungen sind heute eine der führenden Ursachen für krankheitsbedingte Arbeitsunfähigkeit und eine relevante Belastung für das Gesundheitssystem. Vielerorts wurde bereits reagiert und es fließen Investitionen in Präventionsprogramme für psychische Gesundheit und Resilienzförderung, besonders in Schulen und Unternehmen. Zukünftig wird die psychische Gesundheit weiterhin ein zentrales Thema sein, da die Herausforderungen durch den modernen Lebensstil voraussichtlich weiter zunehmen. Gleichzeitig werden Menschen über digitale Angebote wie Apps oder Teletherapie einen immer niedrigschwelligeren Zugang zu psychologischer Hilfe erhalten. Solche Trends wirken der Verbreitung psychischer Erkrankungen wiederum entgegen – Ausgang offen.

Zukunft der Volksgesundheit: Präzisionsmedizin, Klimawandel und globale Gesundheit

Die Zukunft der Volksgesundheit wird durch große gesellschaftliche und technologische Veränderungen geprägt sein. Ein wichtiges Thema ist die Präzisionsmedizin, die auf individualisierte Behandlungsansätze abzielt und genetische, soziale und umweltbedingte Faktoren berücksichtigt. Fortschritte in der Genforschung und Datenanalyse könnten es ermöglichen, Gesundheitsrisiken auf individueller Ebene genauer vorherzusagen und präventive Maßnahmen gezielter einzusetzen. Während dies viele Chancen für die Prävention bietet, stellt es die Public Health auch vor ethische und datenschutzrechtliche Fragen. Der Zugang zu diesen Technologien darf nicht zu neuen sozialen Ungleichheiten führen.

Eine der bedeutendsten Herausforderungen der kommenden Jahrzehnte ist der Klimawandel und seine weitreichenden Auswirkungen auf die Volksgesundheit. Steigende Temperaturen, extreme Wetterereignisse und veränderte Lebensbedingungen haben das Potenzial, die Gesundheit der Weltbevölkerung erheblich zu beeinflussen. Besonders gefährdet sind vulnerable Bevölkerungsgruppen wie ältere Menschen und Kinder. Die Public Health wird sich vermehrt auf die Prävention klimabedingter Erkrankungen wie Hitzeschläge, Atemwegserkrankungen und durch Vektoren (z. B. Mücken oder Zecken) übertragene Krankheiten konzentrieren müssen. Gesundheitsbehörden auf der ganzen Welt sind dazu aufgefordert, Strategien zu entwickeln, um die Gesundheitssysteme an die Folgen des Klimawandels anzupassen und die Bevölkerung auf die Bewältigung dieser neuen Risiken vorzubereiten. Dazu gehören beispielsweise Anpassungen der städtischen Infrastruktur an steigende Temperaturen oder Programme zur Aufklärung über hitzebedingte Gesundheitsgefahren.

Zudem wird die Globalisierung die Volksgesundheit beeinflussen. Die weiterhin zunehmende wirtschaftliche und soziale Vernetzung der Welt erfordert eine stärkere internationale Zusammenarbeit in der Public Health, um globalen Gesundheitsproblemen wie migrationsbedingten Gesundheitsrisiken, der Ernährungssicherheit und Antibiotikaresistenzen zu begegnen. Apropos: Mit Bedrohungen wie Antibiotikaresistenzen beziehungsweise der zunehmenden Häufigkeit multiresistenter Bakterien rücken Infektionskrankheiten auch in Industrienationen wieder in den Fokus. Die Weltgesundheitsorganisation (WHO) warnt bereits vor einem „post-antibiotischen Zeitalter", in dem die Behandelbarkeit selbst einfacher bakterieller Infektionen stark erschwert sein könnte.

FAZIT

Die Volksgesundheit hat in den letzten Jahrzehnten einen tiefgreifenden Wandel erfahren und steht vor neuen Herausforderungen und Chancen. Vom Fokus auf Infektionskrankheiten und der physischen Hygiene hat sich die Public Health zu einer breit aufgestellten Disziplin entwickelt, die chronische Krankheiten, mentale Gesundheit und soziale Wohlstandsfaktoren in den Mittelpunkt stellt. In der heutigen Zeit sind digitale Technologien, internationale Zusammenarbeit und die Förderung psychischer Gesundheit zentral. Die Zukunft der Volksgesundheit wird geprägt sein durch Präzisionsmedizin, Klimawandel und die Notwendigkeit globaler Strategien, um grenzüberschreitende Gesundheitsrisiken zu bewältigen.

Die Public Health der Zukunft muss flexibel und integrativ sein, um den komplexen und dynamischen Anforderungen einer globalisierten und klimatisch veränderten Welt gerecht zu werden. Gesundheitsbehörden, Regierungen und internationale Organisationen müssen dafür sorgen, dass die Gesundheitssysteme sich auf neue Herausforderungen einstellen und gleichzeitig die soziale Gerechtigkeit und den Zugang zu Gesundheitsleistungen für alle fördern. Ein starkes Public-Health-System wird somit auch in Zukunft die Basis für eine stabile und gesunde Gesellschaft bilden.

Gesundheits- oder Lifestylebranche?

Die Gesundheitsbranche und die Lifestyle-Branche überschneiden sich in einigen Bereichen und beeinflussen sich gegenseitig, weisen aber auch wesentliche Unterschiede auf. Während die Gesundheitsbranche primär auf die Erhaltung, Wiederherstellung und Verbesserung der körperlichen und psychischen Gesundheit ausgerichtet ist, konzentriert sich die Lifestyle-Branche auf Lebensstil und Wohlbefinden, oft ohne direkten Krankheitsbezug. Beide Branchen tragen jedoch zur Lebensqualität bei und überschneiden sich zunehmend, besonders in den Bereichen Prävention und Wellness. Im Folgenden werden die Abgrenzungen und das Zusammenspiel beider Branchen betrachtet, bevor wir in Kapitel 2 fokussiert in die Gesundheitsbranche eintauchen.

Gesundheitsbranche: Zielgerichtete Gesundheitsförderung und Krankheitsbehandlung

Die Gesundheitsbranche umfasst alle Dienstleistungen, Produkte und Akteure, die sich mit der Prävention, Diagnose, Behandlung und Rehabilitation von Krankheiten beschäftigen. Zu ihr zählen Krankenhäuser, Arztpraxen, Apotheken, pharmazeutische Unternehmen und Medizintechnikanbieter. Auch Heil- und Pflegeberufe, Rehabilitationszentren und Therapiedienstleistungen wie Physiotherapie oder Psychotherapie gehören zur Gesundheitsbranche. In der Gesundheitsbranche stehen wissenschaftlich fundierte Methoden und das Ziel im Vordergrund, Krankheiten und Beschwerden zu lindern, zu heilen oder ihnen präventiv entgegenzuwirken.

Ein zentraler Unterschied zur Lifestylebranche ist der krankheitsbezogene Ansatz der Gesundheitsbranche. Der Zugang zu Gesundheitsleistungen ist oft staatlich reguliert und erfolgt durch ein standardisiertes Gesundheitssystem. Die Gesundheitsbranche unterliegt strengen Vorschriften und Qualitätskontrollen, was die Wirksamkeit und Sicherheit von Medikamenten, Therapien und Behandlungen gewährleistet.

Lifestylebranche: Förderung von Wohlbefinden und Lebensstil

Die Lifestylebranche bezieht sich auf Produkte und Dienstleistungen, die das persönliche Wohlbefinden und den individuellen Lebensstil fördern, ohne einen klaren Krankheitsfokus zu haben. Zu dieser Branche gehören Bereiche wie Fitness, Ernährung, Wellness, Mode und Freizeitgestaltung. Produkte wie Nahrungsergänzungsmittel, Wellnessanwendungen, Yoga, Fitnessstudios, Schönheitsprodukte und „Healthy Lifestyle"-Programme fallen häufig in die Lifestylebranche. Sie richten sich vor allem an Menschen, die ihr Wohlbefinden verbessern, attraktiver wirken oder einfach gesünder leben wollen, ohne zwingend an einer spezifischen Krankheit zu leiden.

Ein wesentliches Merkmal der Lifestylebranche ist ihre Verbindung zur Selbstoptimierung und zum Ausdruck individueller Werte und Vorlieben. Oftmals sind die Angebote der Lifestylebranche nicht auf ärztliche Verschreibungen angewiesen, sondern können frei erworben werden. Die Lifestylebranche orientiert sich stark an Konsumtrends, was zu schnellen Entwicklungen und einem hohen Grad an Kundenorientierung führt.

Consumer Health: Zwischen den Welten

Der Begriff Consumer Health bezeichnet den Sektor, in dem Verbraucher selbst Verantwortung für ihre Gesundheit übernehmen können. Dabei geht es um den Zugang zu Gesundheitsinformationen, Selbstdiagnose-Tools, rezeptfreien Medikamenten, Nahrungsergänzungsmitteln und digitalen Gesundheitslösungen wie Apps und Wearables.

Ein zentraler Aspekt von Consumer Health ist die Digitalisierung der Gesundheitsversorgung. Menschen können durch mobile Apps ihre Fitness, Ernährung oder psychische Gesundheit überwachen, während Telemedizin-Dienste einen direkten Zugang zu ärztlicher Beratung ermöglichen. Zudem sind Wearables wie Smartwatches oder Blutdruckmessgeräte weit verbreitet, um Gesundheitsdaten eigenständig zu tracken. Mit Hilfe einfacher Messungen und Analysen können potenzielle Gesundheitsrisiken früh erkannt und das eigene Wohlbefinden optimiert werden. Auf diese Weise ermöglicht Consumer Health mehr Eigenverantwortung und einen proaktiven Umgang mit der eigenen Gesundheit.

Gesundheit als gemeinsamer Nenner

Obwohl die Gesundheitsbranche und die Lifestylebranche unterschiedliche Schwerpunkte setzen, verfolgen sie beide das Ziel, die Lebensqualität der Menschen zu steigern. Besonders in den Bereichen Prävention und Wellness gibt es eine zunehmende Überschneidung beider Branchen. So spielen gesunde Ernährung, Fitness und Entspannungstechniken eine Rolle in der Gesundheitsbranche, finden aber ebenso großen Zuspruch in der Lifestylebranche. Beispiele hierfür sind Präventionsprogramme zur Bewegung und Ernährung, die sich sowohl an die allgemeine Bevölkerung als auch an Patienten mit spezifischen Gesundheitsrisiken richten.

Auch technologische Entwicklungen wie Fitness-Tracker und Gesundheits-Apps veranschaulichen das Zusammenspiel beider Branchen: Sie werden sowohl zur Prävention als auch zur Unterstützung der Rehabilitation nach Krankheiten eingesetzt und erfreuen sich bei Gesundheitsdienstleistern und im Lifestylesegment gleichermaßen großer Beliebtheit. Ein weiteres Beispiel sind Nahrungsergänzungsmittel: Während Vitamine und Mineralstoffe medizinisch zur Behebung von Mängeln eingesetzt werden, greifen viele Menschen ohne ärztliche Verordnung auf diese Produkte zurück, um ihre Leistungsfähigkeit oder ihr äußeres Erscheinungsbild zu verbessern.

Das Zusammenspiel beider Branchen zeigt sich, über die Consumer Health-Sparte hinaus, im betrieblichen Gesundheitsmanagement. Gesundheitsprogramme in Unternehmen, die darauf abzielen, die körperliche und mentale Gesundheit der Mitarbeitenden zu fördern, vereinen die Expertise der Gesundheitsbranche mit den attraktiven Angeboten der Lifestylebranche. Kurse zur Stressbewältigung, Yoga, Ernährungsberatung und Fitnessangebote werden häufig von Gesundheitsdienstleistern in Kooperation mit Lifestyle-Anbietern organisiert. Auch das zunehmende Bewusstsein für „Wellness" als ganzheitliche Lebensweise verdeutlicht, wie die Prinzipien der Gesundheitsbranche im Alltag und Freizeitbereich angewandt werden.

Zusätzlich hat die Lifestylebranche durch ihr Marketing und ihre Innovationsfreude oft einen positiven Einfluss auf das Gesundheitsbewusstsein der Bevölkerung. Trends wie „Self-Care" oder „Mindfulness" schaffen einen neuen Zugang zu Gesundheitsfragen und motivieren Menschen, sich präventiv mit ihrem Wohlbefinden zu beschäftigen. Dies fördert einen bewussten Lebensstil, der auch der Gesundheitsbranche zugutekommt, indem gesundheitliche Belastungen potenziell reduziert und Ressourcen im Gesundheitswesen entlastet werden.

FAZIT UND VERTIEFUNG

Während in der Gesundheitsbranche medizinische Leistungen auf die Prävention oder Behandlung konkreter Erkrankungen ausgerichtet sind, steht in der Lifestylebranche das generelle Streben nach gesundheitlichem Wohlbefinden und Selbstoptimierung im Mittelpunkt. Hier dominieren Trends in Bereichen wie Ernährung, Fitness, Mode und Wellness. Zudem ist die Gesundheitsbranche stärker reguliert und evidenzbasiert, während die Lifestylebranche von Trends und Konsumentenbedürfnissen geprägt ist, deren Befriedigung nicht wissenschaftlich fundiert sein muss.

Trotz dieser Unterschiede überschneiden sich die beiden Sektoren zunehmend, etwa im Health-Tech-Bereich oder im Bereich der Wellness-Angebote mit medizinischem Anspruch. Ein aktuelles Beispiel ist das Heilfasten, das Lifestyle-Trend und Gegenstand medizinischer Studien zugleich ist. Das Heilfasten wird inzwischen in mehreren Kliniken und Sanatorien der Naturheilkunde unter ärztlicher Begleitung als gesundheitsfördernde Lebensstilintervention angeboten. Gleichzeitig deuten Forschungsergebnisse darauf hin, dass der vorübergehende Verzicht auf feste Nahrung auch therapeutische Wirkungen in Bezug auf konkrete Krankheitsbilder wie Rheuma, Diabetes oder sogar Krebs entfalten kann. Nähere Einblicke gibt die ARTE-Dokumentation „Fasten: Ein Phänomen wird erforscht" (abrufbar bei YouTube).

Zu den weltweit bekanntesten Stimmen im Lifestyle-Segment zählt der amerikanische Neurowissenschaftler und Associate Professor für Neurobiologie an der Stanford School of Medicine Andrew David Huberman mit seinem Huberman Lab-Podcast. Wer deutschsprachigen Lifestyle-Content auf YouTube & Co. sucht, wird zum Beispiel beim „Fitnessprofessor“ (Prof. Dr. Stephan Geisler von der IST-Hochschule in Düsseldorf) oder bei Doc Felix fündig.

2 Das Geschäft mit der Gesundheit

Der demografische Wandel und technologische Innovationen führen zu steigenden Gesundheitsausgaben und damit zu einem dynamischen Wachstum der Gesundheitswirtschaft. Von Pharmaunternehmen über Medizintechnik bis hin zu digitalen Plattformlösungen und Einrichtungen der Gesundheitsversorgung bietet der Markt vielfältige Investitionsmöglichkeiten. Für Healthcare-Investoren ist ein fundiertes Verständnis der Gesundheitswirtschaft essenziell, da regulatorische Rahmenbedingungen, Marktbesonderheiten und das Verhalten der Marktteilnehmer den Investitionserfolg maßgeblich beeinflussen können. Wenn du dieses Kapitel gelesen hast, verstehst du, wie diese Branche funktioniert, kennst die zentralen Akteure und findest dich in diesem komplexen System besser zurecht.

Die Gesundheitswirtschaft – Zahlen, Daten, Fakten

Die Gesundheitswirtschaft ist in modernen Industrienationen sowohl ökonomisch als auch sozial von enormer Bedeutung. Mit ihren weit verzweigten Sektoren trägt sie erheblich zum Bruttoinlandsprodukt (BIP) sowie zur Beschäftigung bei und beeinflusst sowohl das Leben der Bürger als auch die internationale Wettbewerbsfähigkeit. Dieses Kapitel gibt einen Einblick in die Struktur und ökonomische Eckdaten der Gesundheitswirtschaft in Industrienationen und geht ferner auf globale Tendenzen ein.

Die Gesundheitswirtschaft umfasst weit mehr als nur die medizinische Versorgung. Neben den traditionellen Bereichen wie Krankenhäusern, Arztpraxen und Apotheken gehören beispielsweise auch Pharma- und Medizintechnikunternehmen, Pflegeheime, Rehabilitationszentren sowie Anbieter digitaler Gesundheitslösungen dazu. Abbildung 2 verschafft einen Überblick über die verschiedenen Teilbereiche der Gesundheitswirtschaft.

Als „erster Gesundheitsmarkt" oder auch „Gesundheitswesen" wird der Kernbereich der Gesundheitswirtschaft bezeichnet. Dieser umfasst im Wesentlichen die Versorgung von Patienten mit medizinischen Leistungen, die durch das Versicherungssystem des jeweiligen Landes bzw. staatlich finanziert werden. In Deutschland repräsentiert das System der gesetzlichen Krankenversicherung (GKV) mit rund 90 % aller Versicherten den maßgeblichen Anteil am ersten Gesundheitsmarkt. Der sog. „zweite Gesundheitsmarkt" beschreibt das B2C-Segment der „Selbstzahler" – hierzu zählt auch die in Kapitel 1 beschriebene Lifestylebranche.

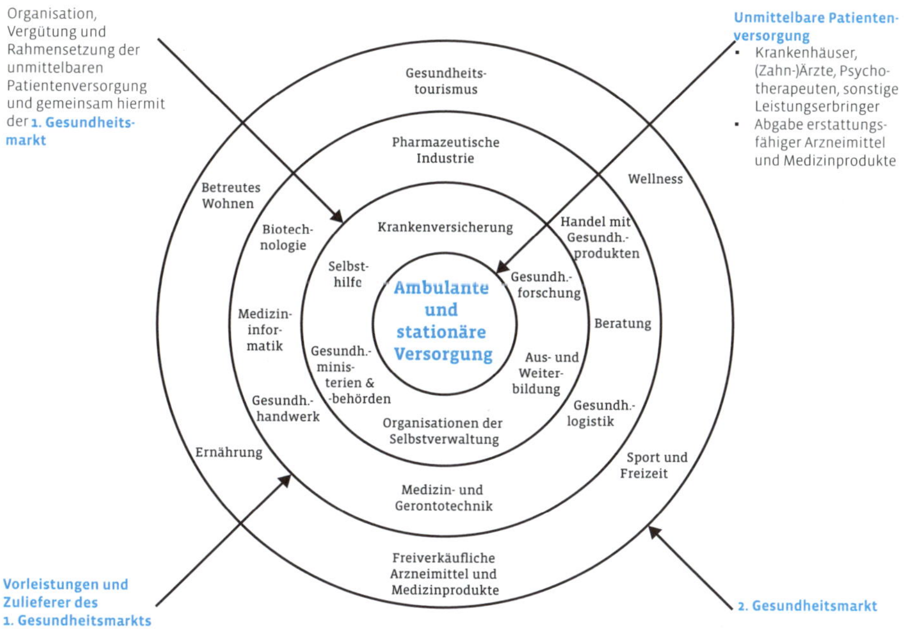

Abb. 2: Die Gesundheitswirtschaft und ihre Teilbereiche

Quelle: Eigene Darstellung in Anlehnung an Goldschmidt/Hilbert (2009)[2].

Gewichtsklasse: Schwergewicht

Der demografische Wandel respektive die alternde Bevölkerung produzieren eine immer weiter steigende Nachfrage nach Gesundheitsdienstleistungen, was die Gesundheitsausgaben von Jahr zu Jahr wachsen lässt. Die Markterschließung durch Anbieter neuartiger Gesundheitstechnologien und die zunehmenden Lebensqualitätsansprüche begünstigen dies zusätzlich. Insofern gehört die Gesundheitswirtschaft zu den dynamischsten Wachstumsbranchen. Abbildung 3 zeigt, wie sich der Anteil der Gesundheitsausgaben am Bruttoinlandsprodukt (BIP) in ausgewählten Industrieländern seit 2018 entwickelt hat.

---

2 Goldschmidt, A. J. W./Hilbert, J. (2009): Von der Last zur Chance – Der Paradigmenwechsel vom Gesundheitswesen zur Gesundheitswirtschaft. In: Goldschmidt, A. J. W. & Hilbert, J. (Hrsg.): Schriftenreihe: Gesundheitswirtschaft und Management, Band 1: Gesundheitswirtschaft in Deutschland. Wegscheid: WIKOM, S. 20-41.

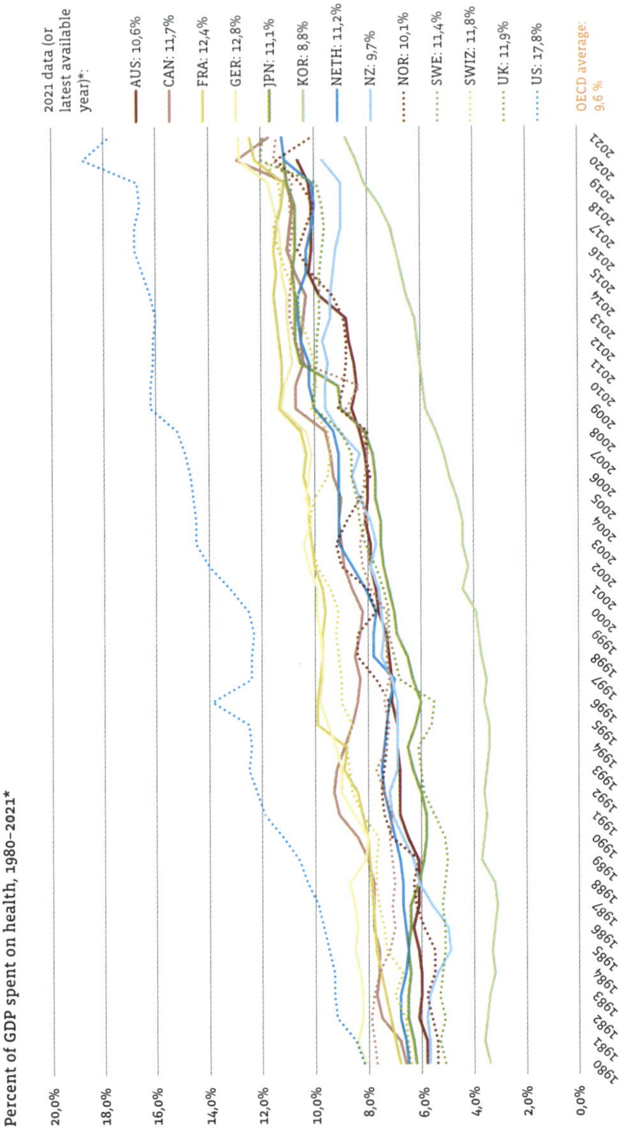

Abb. 3: Entwicklung der Gesundheitsausgaben in ausgewählten Industrieländern gemessen am BIP (in %)

Quelle: Eigene Darstellung basierend auf OECD Health Statistics 2022[3]; Munira, Z. et al. (2023)[4].

---

3 OECD Health Statistics: https://www.oecd.org/en/data/datasets/oecd-health-statistics.html [abgerufen am 13.5.2025]

4 Munira, Z. et al. (2023): U.S. Health Care from a Global Perspective, 2022: Accelerating Spending, Worsening Outcomes. Commonwealth Fund: https://doi.org/10.26099/8ejy-yc74

Egal welches Land wir uns ansehen: Über die letzten Jahrzehnte ist ein eindeutiger Trend zu steigenden Gesundheitsausgaben gemessen am BIP zu beobachten. In Deutschland beispielsweise belief sich der Anteil der Gesundheitsausgaben am BIP im Jahr 2021 auf rund 13 %, und der Sektor beschäftigte fast 6 Millionen Menschen. In Europa liegen die Gesundheitsausgaben in den meisten Ländern zwischen 10 % und 13 % des BIP, wobei Länder wie Frankreich und Deutschland zu den Spitzenreitern gehören. In den Vereinigten Staaten ist dieser Anteil noch höher und liegt bei nahezu 18 % des BIP, was den größten Anteil im internationalen Vergleich der Industrienationen darstellt – auch bedingt durch besonders hohe Preise für Medikamente und medizinische Dienstleistungen.

Darüber hinaus ist die Gesundheitswirtschaft einer der größten Arbeitgeber in Industrienationen. In der Europäischen Union arbeiten etwa 12 % der Beschäftigten im Gesundheitssektor, was einer konstanten Steigerung in den letzten Jahrzehnten entspricht. In den USA ist dieser Anteil sogar noch höher. Dies ist auf den zunehmenden Pflegebedarf, die steigende Lebenserwartung und den Ausbau medizinischer Dienstleistungen zurückzuführen. Der Gesundheitssektor hat auch in wirtschaftlich schwierigen Zeiten ein hohes Beschäftigungsniveau beibehalten, was auf die grundsätzliche Notwendigkeit und Krisenresistenz der Gesundheitsversorgung hindeutet. Besonders in Berufen der ärztlichen und pflegerischen Versorgung sowie im Bereich der digitalen Gesundheitsdienstleistungen gibt es eine wachsende Nachfrage, die allerdings oft auf ein Fachkräftedefizit trifft.

Die globale Gesundheitswirtschaft wird von einigen Industrienationen dominiert, die hohe Ausgaben und Investitionen aufweisen. Die USA, Deutschland, Japan und Frankreich gehören zu den größten Märkten weltweit. Die jährlichen globalen Gesundheitsausgaben belaufen sich inzwischen auf fast 10 Billionen US-Dollar, wobei weit mehr als die Hälfte dieser Ausgaben auf Industrienationen entfällt. Allein die USA und die EU kommen zusammen auf etwa 6 Billionen US-Dollar pro Jahr. Im Bereich der Ausgaben für Medikamente haben die USA mit Abstand den weltweit größten Marktanteil, gefolgt von China, Japan, Deutschland, Frankreich, Italien, Großbritannien und Spanien. Auch der Markt für Medizintechnik spielt eine wichtige Rolle in der globalen Gesundheitswirtschaft. Die USA und Deutschland sind Hauptakteure in diesem Sektor.

Eine Branche im Wandel

Die Gesundheitswirtschaft ist durch globale Trends geprägt, die sich auf deren Struktur und Finanzierung auswirken. Dazu gehören die Digitalisierung, der demografische Wandel und technologische Innovationen.

Die **Digitalisierung** verändert die Gesundheitswirtschaft grundlegend. Mit der Verbreitung technologischer Errungenschaften wie der Künstlichen Intelligenz, Big Data und der Telemedizin entstehen ständig neue Geschäftsmodelle. Apps und Wearables ermöglichen eine frühzeitige Erkennung und ortsunabhängige Behandlung von Krankheiten. Dies eröffnet neue Möglichkeiten für präventive Ansätze und personalisierte Medizin. In Industrienationen investieren die Gesundheitssysteme zunehmend in elektronische Patientenakten, digitale Diagnosetools sowie Telemedizinangebote, um den Zugang zur Gesundheitsversorgung zu verbessern und mittel- bis langfristig die Versorgungskosten zu senken – Digital Health boomt.

Der **demografische Wandel** stellt eine der größten Herausforderungen für die Gesundheitswirtschaft dar. In den Industrienationen steigt der Anteil älterer Menschen rapide an. So wird prognostiziert, dass bis 2050 in Europa fast ein Drittel der Bevölkerung über 65 Jahre alt sein wird. Diese Entwicklung führt zu einem erhöhten Pflegebedarf und steigenden Kosten für die Behandlung chronischer Erkrankungen. Auch wenn die steigende Lebenserwartung als Erfolg der Gesundheitsversorgung angesehen werden kann, bedeutet sie gleichzeitig, dass die Gesundheitssysteme stärker belastet werden. Chronische Erkrankungen wie Diabetes, Herz-Kreislauf-Erkrankungen und Demenz sind in der älteren Bevölkerung weit verbreitet und erfordern kostspielige, langfristige Versorgungslösungen. Dieser Trend fordert die Gesundheitssysteme, mehr in Präventionsmaßnahmen zu investieren und effizientere Strukturen für eine altersgerechte Versorgung zu entwickeln.

Der globale **Pharmamarkt** wird voraussichtlich in den nächsten Jahren ein Volumen über 2 Billionen US-Dollar erreichen, mit einem starken Wachstum insbesondere in innovativen Bereichen wie Gentherapien und Biotechnologie. Deutschland ist hier in Europa führend und exportiert jährlich Medikamente im Wert von über 100 Milliarden Euro. Die zunehmende Nachfrage nach bildgebenden Verfahren, Implantaten und digitalen Diagnosetools lässt daneben auch den **Medizintechnikmarkt** weltweit wachsen.

FAZIT UND VERTIEFUNG

In der Gesamtschau präsentiert sich die Gesundheitswirtschaft aller Voraussicht nach auch zukünftig als ein wachsender und zunehmend digitalisierter Markt mit signifikanten sozialen und wirtschaftlichen Auswirkungen. Sie beeinflusst das Leben vieler Menschen und ist gleichzeitig ein maßgeblicher Treiber für Wirtschaft und Innovation.

Bericht der Europäischen Kommission zu den Auswirkungen des demografischen Wandels in Europa:

Die Global Health Expenditure Database (GHED) bietet vergleichbare Daten zu den Gesundheitsausgaben für 194 Länder seit dem Jahr 2000 und ist frei zugänglich:

„Fragen Sie Ihren Arzt oder Apotheker"

Das Gesundheitswesen ist ein komplexes System, in dem verschiedene Akteure miteinander interagieren, um die Gesundheit der Bevölkerung zu fördern, der Entstehung von Krankheiten vorzubeugen und Patienten im Krankheitsfall optimal zu behandeln. Zu den zentralen Versorgern gehören Ärzte, Apotheken und Krankenhäuser.

Ärzte: Dreh- und Angelpunkt der Gesundheitsversorgung

Wie in Abbildung 4 dargestellt, spielen Ärzte eine unverzichtbare Rolle als Diagnostiker, Behandler und oft auch als Berater innerhalb des Gesundheitssystems.

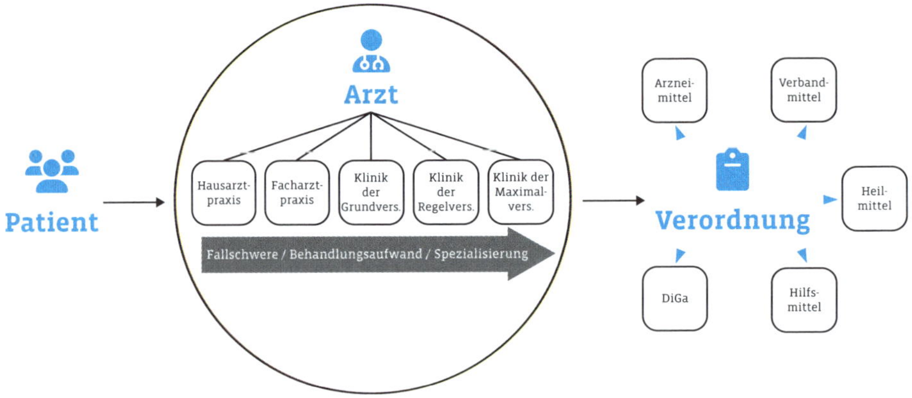

Abb. 4: Die reguläre Patientenreise

Quelle: Eigene Darstellung.

Im Regelfall sind Ärzte die erste Anlaufstelle für Patienten und steuern deren weitere Versorgung durch spezialisierte Kollegen oder Einrichtungen. Hausärzte übernehmen dabei eine besondere Rolle als Vertrauensperson und koordinierende Instanz, während Fachärzte eine vertiefte Expertise für spezifische Erkrankungen bieten. Im Rahmen der sogenannten „Verordnung" – also der ärztlichen Festlegung einer therapeutischen Maßnahme für einen

Patienten, z. B. durch Ausstellung eines Rezepts für ein bestimmtes Medikament – nehmen Ärzte Einfluss darauf, welche konkreten medizinischen Leistungen ein Patient wann und in welchem Umfang erhält. Hinzu kommt, dass Ärzte die Nachfrage nach Gesundheitsleistungen auch insoweit beeinflussen, als ihre Patienten oft medizinische Laien sind, die, mangels eigener Expertise, den Empfehlungen ihres Arztes folgen. Wenn zudem ein umfassender Versicherungsschutz besteht, demzufolge nicht der Patient selbst, sondern ein Versicherungsunternehmen für die Inanspruchnahme von Gesundheitsleistungen bezahlt, begrenzt auch die Zahlungsbereitschaft der Patienten nicht deren Konsum an Gesundheitsleistungen. In der Gesundheitsökonomie wird in diesem Zusammenhang auch von „angebotsinduzierter Nachfrage“ gesprochen. Das Verordnungsverhalten der Ärzte, aber auch die Kostenübernahme durch eine Krankenversicherung werden dadurch zum maßgeblichen Bestimmungsfaktor für Umsatz und Markterfolg im Kontext des Gesundheitswesens. Das Gesundheitswesen ist insofern in zweierlei Hinsicht ein B2B2C-Markt.

In den letzten Jahren hat die Digitalisierung das Arbeitsumfeld der Ärzte erheblich verändert. Elektronische Patientenakten, Telemedizin und KI-gestützte Diagnosesysteme erleichtern die Arbeit, bringen jedoch auch Herausforderungen wie Datenschutzprobleme und technische Abhängigkeiten mit sich. Zudem stellt der demografische Wandel – sowohl bei der Bevölkerung als auch im Berufsstand – die ärztliche Versorgung vor Probleme: Die alternde Gesellschaft führt zu einer Zunahme chronischer Erkrankungen, während zugleich der Nachwuchs fehlt. Auch insofern ist der Einsatz innovativer Technologien zukunftsweisend, werden sie doch den Ärztemangel so gut es geht kompensieren müssen. In der alltäglichen Patientenversorgung gewinnt vor diesem Hintergrund insbesondere die Telemedizin an Bedeutung, die es unter Einsatz audiovisueller Technologien der Telekommunikation ermöglicht, medizinische Leistungen ortsunabhängig zu erbringen. So muss der Arzt seine Patienten im Rahmen der telemedizinischen Behandlung nicht vor Ort in der Praxis empfangen, sondern kann Behandlungsleistungen per Videosprechstunde erbringen. Neben der Videosprechstunde können Ärzte sich auch untereinander im Rahmen eines Telekonsiliums zu patientenbezogenen Fragestellungen austauschen. Asynchrone Kommunikationstechnologien ermöglichen darüber hinaus sogar einen zeitunabhängigen Leistungsbezug durch den

Patienten. Beispielsweise können selbstaufgenommene Fotos rund um die Uhr zu diagnostischen Zwecken versendet werden, während die hieran anknüpfende Befundung und Diagnosestellung erst zu einem späteren Zeitpunkt erfolgt. Beispielsweise sind Online Hautchecks zur ärztlichen Abklärung auffälliger Stellen auf der Haut in Deutschland mittlerweile weit verbreitet.

Apotheken: Schaltstellen der Arzneimittelversorgung

Apotheken fungieren als zentrale Versorger für Medikamente, beraten Patienten zu deren sicherer Anwendung und unterstützen bei der Gesundheitsvorsorge. Die Beratungsfunktion trägt auch dazu bei, Fehlanwendungen von Medikamenten zu verhindern und die Therapietreue zu fördern – Stichwort: Patientensicherheit.

Die Apothekenlandschaft hat in den letzten Jahren durch die Konkurrenz von Online-Apotheken und Plattformen einen tiefgreifenden Wandel erlebt. Während der E-Commerce den Zugang zu Medikamenten erleichtert, stellen regulatorische Fragen und die Sicherstellung der Beratungsqualität Herausforderungen dar. Viele Vor-Ort-Apotheken setzen auf die Erweiterung ihres Servicespektrums, wie etwa Impfangebote oder Gesundheitschecks, um ihre Relevanz zu erhalten oder sogar zu stärken. In französischen Apotheken können Kunden sich schon heute in Telemedizin-Kabinen ärztlich beraten lassen. In Deutschland hat der Umbauprozess mit der Einführung des online einlösbaren elektronischen Rezepts erst begonnen. Das disruptive Potenzial hinsichtlich der Arzneimittelversorgungsstrukturen ist am Umsatzwachstum einiger Online-Apotheken bereits deutlich erkennbar.

Krankenhäuser: Zentren für Akut- und Spezialversorgung

Krankenhäuser sind das Rückgrat der medizinischen Versorgung und bieten Akutbehandlungen, komplexe Operationen und spezialisierte Diagnostik. Als hochgradig technisierte Einrichtungen sind sie gleichzeitig Zentren für Forschung und Innovation. In den letzten Jahren haben Krankenhäuser jedoch vermehrt mit finanziellen und personellen Engpässen zu kämpfen. Die steigenden Anforderungen an Pflegepersonal und Ärzte sowie die Notwendigkeit, effiziente Abläufe mit hoher Qualität zu kombinieren, fordern neue Ansätze.

Ein zentraler Entwicklungstrend ist die zunehmende Vernetzung von Krankenhäusern mit anderen Akteuren des Gesundheitswesens. Hierbei spielt die Digitalisierung eine Schlüsselrolle: Telemedizinische Anwendungen, robotergestützte Operationen und KI-basierte Systeme zur Patientenüberwachung sind bereits heute in vielen Kliniken etabliert. Die Zunahme ambulanter Operationen und spezialisierter Versorgungszentren deutet darauf hin, dass sich die Rolle der Krankenhäuser in Zukunft verändern wird. Kleine Kliniken könnten zunehmend mit großen Zentren fusionieren, um Kosten zu sparen und Expertise zu bündeln oder sich in ambulante Versorgungszentren mit einigen wenigen Betten für außerplanmäßige Übernachtungsbedarfe umwandeln.

FAZIT

Die Zukunft des Gesundheitswesens wird von einer engeren Zusammenarbeit zwischen Ärzten, Apotheken und Krankenhäusern geprägt sein. Interdisziplinäre Netzwerke, gemeinsame Datenplattformen und die Integration von Gesundheitsdiensten können die Versorgung effizienter und patientenorientierter machen. Ein weiterer Fokus liegt auf der Prävention: Die Förderung gesunder Lebensstile und frühzeitige Interventionen könnten langfristig die Belastung der Versorgungssysteme reduzieren. Zugleich wird die Rolle der Patienten als aktive Mitgestalter ihrer Gesundheitsversorgung gestärkt. Digitale Tools wie Gesundheits-Apps und Wearables ermöglichen es ihnen, ihre Gesundheit eigenverantwortlich zu managen. Diese Entwicklung stellt die traditionellen Versorger vor die Aufgabe, ihre Dienstleistungen flexibler und patientenorientierter zu gestalten. Insgesamt bleibt die Rolle der Ärzte, Apotheken und Krankenhäuser im Gesundheitswesen aber unverzichtbar. Für Investoren ist das Verhalten der Ärzte insofern besonders relevant, als sie als „Gatekeeper" der Gesundheitsversorgung einen maßgeblichen Einfluss darauf haben, zu welchen konkreten medizinischen Leistungen ein Patient wann und in welchem Umfang Zugang erhält.

Hinter den Kulissen: die Strippenzieher im Gesundheitswesen

Das Gesundheitswesen ist ein komplexes Ökosystem, an dem eine Vielzahl unterschiedlicher Akteure beteiligt ist. Jeder dieser Akteure verfolgt eigene Interessen, doch ihr Zusammenspiel formt die Gesundheitsversorgung und die gesundheitspolitische Landschaft eines Landes. Von politischen Entscheidungsträgern über Verbände und Versicherer bis hin zu Berufsvertretungen und pharmazeutischen Unternehmen – sie alle ziehen an den Strippen, die das System zusammenhalten, manchmal aber auch ins Wanken bringen.

Die Politik: Drehbuchautor und Regisseur

Weltweit haben Regierungen die Aufgabe, die gesetzlichen und regulatorischen Rahmenbedingungen der Gesundheitsversorgung zu setzen. Gesetzesvorhaben und Reformen prägen nachhaltig die Art und Weise, wie Gesundheitsversorgung organisiert wird. Gesundheitsministerien oder entsprechende Regierungsbehörden entwickeln Vorschriften, die alle handelnden Akteure betreffen und entscheiden über grundsätzliche Dos and Don'ts – in Deutschland beispielsweise die Zulassung und Preisfindung neuer Arzneimittel, die Vergütungsmodelle der Versorgungseinrichtungen (Arztpraxen, Krankenhäuser & Co.), die verbindliche Nutzung des elektronischen Rezepts oder die Einführung neuer Leistungskategorien wie der sogenannten Digitalen Gesundheitsanwendung (kurz „DiGA“; umgangssprachlich auch als „App auf Rezept“ bezeichnet). Der politische Einfluss ist insofern deutlich größer als in anderen Branchen. Doch die politische Souveränität hat Grenzen: Interessenvertretungen und Lobbygruppen beeinflussen Entscheidungen oft erheblich. In föderalen Systemen wie den USA oder Deutschland verteilen sich Kompetenzen zusätzlich auf verschiedene Regierungsebenen, was die Steuerung noch komplexer macht. Im Investitionskontext stehen oft diejenigen Behörden im Fokus, über die der jeweilige Staat die Zulassung neuer Arzneimittel und Medizinprodukte operativ umsetzt – in den USA die Food and Drug Administration (FDA), in Europa die Europäische Arzneimittel-Agentur (EMA) oder in Deutschland das Bundesinstitut für Arzneimittel und Medizinprodukte (BfArM).

Krankenversicherungen: Manager und Administratoren

Krankenversicherungen spielen weltweit eine tragende Rolle, sei es in öffentlich finanzierten Systemen wie dem britischen National Health Service (NHS), in gemischten Systemen wie in Frankreich oder privat dominierten Modellen wie in den USA. Sie fungieren nicht nur als Finanzierungsstellen, sondern im Zuge der vielzitierten Entwicklung „vom Payer zum Player“ auch als strategische Akteure, die konkrete Versorgungsmodelle und deren Konditionen mit Leistungserbringern individuell aushandeln und hierbei unter bestimmten Voraussetzungen sogar vom staatlichen Regulierungskorsett abweichen (z. B. durch Vergütungsvereinbarungen für innovative Versorgungsleistungen, die über den Status quo hinausgehen). Diese Verhandlungen beeinflussen entscheidend, welche Leistungen an welcher Stelle innerhalb der Gesundheitsversorgung für welche Patientengruppen in welcher Art und Weise angeboten werden und wie sie vergütet werden. Versicherer stehen dabei oft im Spannungsfeld zwischen Kostendämpfung und der Sicherstellung einer qualitativ hochwertigen Versorgung. Gut durchdachte präventive Ansätze können dieses gleichzeitige Streben nach Qualität und Wirtschaftlichkeit unter einen Hut bringen, da ein gesunder Versicherter in aller Regel auch ein günstiger Versicherter ist.

Leistungserbringer: An der Front der Versorgung

Leistungserbringer wie Ärztinnen und Ärzte, Krankenhäuser und Pflegeeinrichtungen stehen weltweit an der Schnittstelle zwischen System und Patient. Ihre Interessen werden von Berufsverbänden und Standesorganisationen vertreten, die mit Versicherern und Regierungen über Vergütungen, Standards und Arbeitsbedingungen verhandeln. In vielen Ländern haben Leistungserbringer zudem Einfluss auf die Ausbildung und Weiterentwicklung medizinischer Berufe, was ihre strategische Rolle zusätzlich stärkt. In Deutschland wird dieser Einfluss maßgeblich durch die Ärztekammern (beispielsweise in Form von Berufs- und Weiterbildungsordnungen), die Kassenärztlichen Vereinigungen für in der GKV tätige Ärzte (beispielsweise in Form von Budgetverhandlungen mit den Krankenkassen) sowie die Fachgesellschaften der verschiedenen medizinischen Fachbereiche (beispielsweise in Form von Behandlungsleitlinien) ausgeübt. Dabei stehen sie bisweilen vor der Herausforderung, ökonomische Interessen und ethische Verpflichtungen der Ärzteschaft in Einklang zu bringen.

Pharmaindustrie und Medizintechnik: Innovatoren oder Interessenwächter?

Die pharmazeutische Industrie und Unternehmen der Medizintechnik sind globale Schlüsselakteure, wenn es um Innovationen geht. Neue Medikamente, Impfstoffe und Technologien verbessern die Versorgung, werfen aber auch Fragen der Kosten-Nutzen-Bewertung und des Zugangs auf. Organisationen wie die Weltgesundheitsorganisation (WHO) oder nationale Regulierungsbehörden wie die US-amerikanische Food and Drug Administration (FDA) spielen eine entscheidende Rolle bei der Überwachung und Zulassung neuer Produkte. Gleichzeitig arbeiten pharmazeutische Unternehmen oft eng mit Kliniken und Forschungseinrichtungen zusammen, insbesondere im Kontext von Zulassungsstudien zur Einführung neuer Arzneimittel oder Medizinprodukte, und beeinflussen die gesundheitspolitische Agenda durch Lobbyarbeit.

Ein andauernder Kampf um Einfluss

Das Zusammenspiel aller genannten Akteure ist weltweit von Macht, Verhandlungen und Kompromissen geprägt. Plattformen wie die WHO oder nationale Gremien zur Gesundheitssteuerung bündeln oft die Interessen von Regierungen, Versicherern, Leistungserbringern und Patientenvertretungen. Dabei prallen unterschiedliche Prioritäten aufeinander: Kosteneffizienz, Innovation, Gewinnorientierung und der Wunsch nach bestmöglicher Versorgung konkurrieren um den Vorrang. Auch informelle Netzwerke und persönliche Beziehungen spielen eine bedeutende Rolle. Lobbyarbeit, Expertenmeinungen und wissenschaftliche Studien beeinflussen politische Entscheidungen sowie die Versorgungsrealität auf vielfältigen Wegen.

International haben Patientenorganisationen und zivilgesellschaftliche Gruppen inzwischen an Einfluss gewonnen. Sie geben Betroffenen eine Stimme und wirken als Gegengewicht zu institutionellen Interessen. Organisationen wie Médecins Sans Frontières (Ärzte ohne Grenzen) oder nationale Selbsthilfegruppen setzen sich dafür ein, dass die Bedürfnisse der Patienten in gesundheitspolitischen Diskussionen nicht untergehen. In einkommensschwachen Ländern kämpfen sie häufig um den Zugang zu grundlegender Gesundheitsversorgung, während in wohlhabenderen Ländern Themen wie Transparenz, Patientenrechte und Inklusion im Vordergrund stehen.

FAZIT UND VERTIEFUNG

Das Gesundheitswesen gleicht einem Balanceakt mit vielen Drahtseilakteuren. Die Strippenzieher im Gesundheitswesen agieren in einem Spannungsfeld zwischen unterschiedlichen Zielen und Interessen. Während die Politik versucht, den Überblick zu behalten und die verschiedenen Perspektiven auszubalancieren, drängen Akteure wie Versicherer, Leistungserbringer und Industrie auf eine möglichst starke Durchsetzung der eigenen Interessen. Auch Patientenorganisationen und die Öffentlichkeit kämpfen darum, in diesem Machtspiel nicht überhört zu werden. Im Kontext von Investitionsentscheidungen ist dieses Zusammenspiel insofern relevant, als im Ergebnis für das Produkt bzw. das Leistungsangebot des jeweiligen Unternehmens, in das investiert wird, eine Situation herauskommen muss, in der das Produkt...

- ...über eine Zulassung im jeweiligen Zielmarkt verfügt,
- ...mit einer möglichst margenstarken Vergütung in Verkehr gebracht werden kann,
- ...von den vertriebsrelevanten Akteuren (z. B. den verordnenden Ärzten oder den finanzierenden Krankenversicherern) positiv wahrgenommen wird.

Wer sich vertiefend für das Zusammenspiel der Akteure im deutschen Gesundheitsmarkt interessiert, wird im Buch „Innovating Healthcare – Wie Start-ups gemeinsam mit Krankenkassen im Gesundheitsmarkt durchstarten“ von Dr. Elmar Waldschmitt und mir fündig.

Evidenzbasierte Medizin

Behandlungsentscheidungen basieren oft auf ärztlichen Erfahrungen und Fachwissen, was jedoch nicht immer dem aktuellen medizinischen Wissensstand entspricht. Evidenzbasierte Medizin (EbM) zielt darauf ab, die Qualität von Behandlungsentscheidungen zu verbessern, indem ärztliche Erfahrung mit wissenschaftlichen Erkenntnissen verknüpft wird. Die Essenz der EbM ist es, ausschließlich Therapien und Medikamente einzusetzen, deren Wirksamkeit durch wissenschaftliche Studien belegt ist, um eine qualitativ hochwertige und am aktuellen wissenschaftlichen Kenntnisstand ausgerichtete medizinische Versorgung zu gewährleisten.

Gute Studienlage für eine gute Versorgung

Die Ursprünge der modernen EbM liegen in den 1970er Jahren, als sich die medizinische Forschung verstärkt der systematischen Auswertung klinischer Studien zuwandte. Mit der Gründung der Cochrane Collaboration im Jahr 1993 wurde ein internationales Netzwerk zur Wirksamkeitsbewertung in der Medizin geschaffen, das sich seitdem der Bereitstellung qualitativ hochwertiger systematischer Übersichtsarbeiten medizinischer Studien widmet. In den letzten Jahrzehnten hat die EbM die medizinische Praxis revolutioniert, indem sie wissenschaftliche Erkenntnisse systematisch in Diagnose- und Therapieentscheidungen integriert.

Die EbM basiert auf drei zentralen Prinzipien:

1. **Beste verfügbare Evidenz:** Dies umfasst klinische Studien, Metaanalysen und systematische Reviews, die die Wirksamkeit und Sicherheit von medizinischen Interventionen bewerten. Die Recherche nach relevanter Literatur erfolgt in wissenschaftlichen Datenbanken wie PubMed oder Cochrane Library.
2. **Klinische Expertise:** Die Erfahrungen und das Wissen des behandelnden Arztes sind essenziell, um wissenschaftliche Erkenntnisse in den spezifischen Behandlungskontext einzubetten.
3. **Patientenpräferenzen:** Die individuellen Wünsche, Erwartungen und Lebensumstände des Patienten spielen eine zentrale Rolle bei der Entscheidungsfindung.

Die Kombination dieser drei Prinzipien stellt sicher, dass medizinische Entscheidungen nicht nur wissenschaftlich fundiert, sondern auch praktisch umsetzbar und patientenorientiert sind.

Die Wirksamkeitsüberprüfung neuer Behandlungsleistungen in klinischen Studien erfolgt in der Regel auf zwei Ebenen. Zum einen wird im Wege eines Vorher-Nachher-Vergleichs beobachtet, ob und wie sich der Zustand von behandelten Patienten nach Anwendung der neuartigen Therapie verändert. Bei einer reinen Vorher-Nachher-Betrachtung kann jedoch nicht ausgeschlossen werden, dass die beobachtete Veränderung von anderweitigen, innerhalb der Studie nicht erfassten Faktoren beeinflusst wurde und möglicherweise auch ohne die untersuchte Therapie eingetreten wäre. Daher wird zum anderen die durchschnittliche Zustandsänderung von solchen Patienten, die die neuartige Therapie erhalten haben (sog. Interventionsgruppe), mit der Zustandsänderung einer Patientengruppe verglichen, die regulär – d. h. ohne die neuartige Therapie – therapiert wurde (sog. Kontroll- oder Vergleichsgruppe). Dieses Grundprinzip klinischer Wirksamkeitsstudien ist in Abbildung 5 dargestellt.

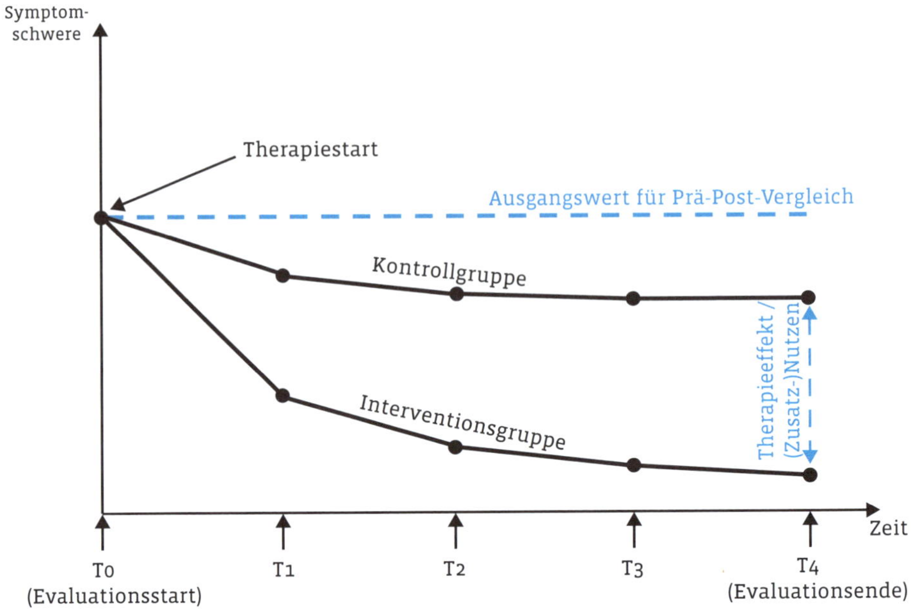

Abb. 5: Grundprinzip klinischer Wirksamkeitsstudien

Quelle: Eigene Darstellung.

Die Abbildung zeigt ein beispielhaftes Studiendesign, in dem bei den Studienteilnehmern, nach Durchführung einer Ausgangsmessung zum Startzeitpunkt T0 (Baseline), zu vier Folgezeitpunkten (T1-T4) eine Messung des Gesundheitszustands vorgenommen wurde, um die Wirksamkeit einer neuen Behandlungsoption zu untersuchen. Sowohl in der Vorher-Nachher-Betrachtung als auch im Vergleich mit der Kontrollgruppe weist die Interventionsgruppe am Ende der Untersuchung im Durchschnitt eine signifikant niedrigere Symptomschwere respektive einen signifikant besseren Gesundheitszustand auf. Die Überlegenheit der neuen Behandlungsmethode ist also evident. In einem nächsten Schritt können Subgruppen gebildet und entsprechend untersucht werden. Auf diese Weise können Wirksamkeitsunterschiede zwischen bestimmten Merkmalsgruppen, etwa zwischen Frauen und Männern oder zwischen verschiedenen Altersgruppen, aufgedeckt und hieraus individualisierte Therapieempfehlungen abgeleitet werden. Darüber hinaus kann die Dosis-Wirkungs-Beziehung zur Ableitung von Dosierungsempfehlungen untersucht werden. Oft ist von Interesse, inwieweit ein Zusammenhang zwischen der Anzahl der Therapieeinheiten oder der Therapiedauer und dem Therapieeffekt besteht. Der in Abbildung 5 betrachtete fiktive Therapieeffekt flacht beispielsweise mit der Zeit ab, das heißt die Therapie scheint mit zunehmender Therapiedauer einen abnehmenden Zusatznutzen aufzuweisen. Dass sich die Symptomschwere zwischen T3 und T4 kaum noch reduziert, deutet zudem darauf hin, dass ein ausreichend langer Beobachtungszeitraum gewählt wurde, um hieraus Schlüsse zur optimalen Therapiedauer ziehen zu können. In der Gesamtschau konnte die Wirksamkeit der untersuchten Therapieinnovation im betrachteten Beispiel erfolgreich nachgewiesen werden. Die Vertrauenswürdigkeit eines solchen Nachweises ist allerdings an bestimmte Voraussetzungen geknüpft. So muss die Studiendurchführung einigen wissenschaftlichen Qualitätskriterien genügen. Hierzu zählt, dass geeignete Messverfahren eingesetzt wurden, dass eine ausreichend hohe Anzahl an Studienteilnehmern gewonnen werden konnte und dass die Studie unter Wahrung von Objektivität, d. h. unbeeinflusst von persönlichen Interessen der beteiligten Wissenschaftler, durchgeführt wurde. Als „Goldstandard" der klinischen Wirksamkeitsforschung gelten randomisiert kontrollierte Studien (Randomized controlled trials; kurz „RCT"), in denen die Studienteilnehmer per Zufall den unterschiedlichen Vergleichsgruppen zugeordnet werden. Dadurch wird gewährleistet, dass beide Gruppen in ihrer Zusammensetzung vergleichbar sind und die Studienergebnisse nicht durch strukturelle Unterschiede zwischen den Gruppen verzerrt werden.

Im speziellen Kontext der Arzneimittelzulassung durchlaufen neuartige Medikamente nach einer präklinischen Experimentalphase an Zellkulturen oder Labortieren mehrere klinische Studienphasen, um die Sicherheit, Wirksamkeit und mögliche Nebenwirkungen eines neuen Medikaments zu bewerten. In Phase I wird das Medikament erstmals an einer kleinen Gruppe von Menschen getestet. Hierbei liegt der Fokus auf der Sicherheit und Verträglichkeit. In Phase II wird das Präparat an einer größeren Patientengruppe erprobt, um erste Hinweise auf die Wirksamkeit zu gewinnen und die Dosierung zu optimieren. Die Sicherheit bleibt dabei weiterhin ein zentrales Kriterium. Phase III dient der umfassenden Prüfung an einer großen Anzahl von Patienten und vergleicht das neue Medikament, im Sinne von Abbildung 5, der wir uns im vorangehenden Abschnitt gewidmet haben, mit bestehenden Standardtherapien. Diese Phase ist entscheidend für die behördliche Zulassung. Nach der Markteinführung folgt Phase IV, in der das

Medikament langfristig in der breiten Anwendung überwacht wird. Dabei werden seltene Nebenwirkungen, Langzeiteffekte sowie mögliche weitere Anwendungsgebiete untersucht. Jede dieser Phasen muss erfolgreich abgeschlossen werden, bevor die jeweils nächste beginnen kann.

Herausforderungen und Zukunftsperspektiven

Trotz ihrer vielen Vorteile ist die EbM nicht frei von Kritik. Nicht alle verfügbaren Studien sind von hoher Qualität und Verzerrungen können die Ergebnisse beeinflussen. Die immense Menge an Studien kann es schwierig machen, relevante und qualitativ hochwertige Evidenz zu identifizieren. Gerade in ressourcenschwachen Regionen fehlt zudem oft der Zugang zu aktuellen wissenschaftlichen Informationen. Auch ist die Übertragbarkeit der Studienergebnisse auf andere Patienten nicht ohne weiteres gegeben, wenn die Studienteilnehmer spezifische Merkmale und Besonderheiten aufweisen. Mit Blick auf die Innovationsgeschwindigkeit sowie die Innovationskosten ist EbM gewissermaßen ein Hemmschuh, da die Planung und Durchführung umfassender Studien zwecks Evidenzgenerierung natürlich zeit- und kostenintensiv sind. Die Breite der Patienten bekommt dadurch erst zeitverzögert Zugang zu medizinischen Innovationen und die teilweise immensen Forschungs- und Entwicklungskosten treiben die Preise in die Höhe. Schließlich wollen diese nach einem erfolgreichen Market Access refinanziert werden.

Die Digitalisierung hat das Potenzial, die EbM weiter zu stärken. Elektronische Gesundheitsakten, klinische Entscheidungshilfen und künstliche Intelligenz können die Analyse und Anwendung von Evidenz erheblich erleichtern. Beispielsweise können Algorithmen in Sekundenschnelle relevante Studien identifizieren und zusammenfassen, was den zeitlichen Aufwand für Ärzte reduziert.

Die EbM wird in den kommenden Jahren weiterhin eine zentrale Rolle in der medizinischen Praxis spielen. Dabei wird der Fokus zunehmend auf die Individualisierung von Behandlungsstrategien gerichtet sein. Personalisierte Medizin, die genetische, biometrische und umweltbezogene Daten in die Entscheidungsfindung einbezieht, wird die EbM bereichern und weiterentwickeln. Darüber hinaus wird die Einbindung von Patienten in die Forschung und Entscheidungsfindung immer wichtiger. Shared Decision Making (gemeinsame Entscheidungsfindung) wird in der EbM nicht nur als wünschenswert, sondern als essenziell angesehen.

Unendliche Potenziale vs. endliche Ressourcen: Die Gesundheitsökonomie

Die Gesundheitsökonomie ist eine interdisziplinäre Wissenschaft, die ökonomische Prinzipien auf den Gesundheitssektor anwendet. Ihr Ziel ist es, effiziente Ressourcennutzung im Gesundheitswesen zu fördern, indem Kosten und Nutzen von Gesundheitsleistungen analysiert und ins Verhältnis gesetzt werden. Eine der zentralen Anwendungsbereiche gesundheitsökonomischer Analysen liegt in der Bewertung neuer Therapien im Rahmen des Zulassungsprozesses. Diese Bewertungen können, je nach Land, maßgeblich die Entscheidung beeinflussen, ob und zu welchem Preis ein Medikament oder ein medizinisches Verfahren in ein Gesundheitssystem aufgenommen wird. In gesundheitsökonomischen Studien werden die erwarteten Behandlungskosten verglichen mit dem klinischen Nutzen einer Therapie, gemessen etwa in gewonnenen Lebensjahren oder qualitätsadjustierten Lebensjahren (kurz: QALYs; Quality Adjusted Life Years). Beim verbreiteten QALY-Konzept wird die Lebensqualität anhand eines Nutzwertfaktors zwischen 0 (= schlechtmöglichste Lebensqualität) und 1 (= bestmögliche Lebensqualität) bewertet. Das QALY errechnet sich dann aus der verbleibenden Lebenszeit (in Jahren) multipliziert mit dem Nutzwertfaktor. Auf diese Weise wird der Nutzen von Therapien relativiert, die zwar Lebenszeit schenken, jedoch mit Lebensqualitätseinbußen verbunden sind. Ein drastisches Beispiel sind Komapatienten, die bei geringer Aufwachwahrscheinlichkeit am Leben erhalten werden. Regulierungsbehörden und Kostenträger nutzen diese Analysen, um evidenzbasierte Entscheidungen über den Preis und die Erstattungsbedingungen zu treffen.

Die Rolle gesundheitsökonomischer Bewertungen variiert international erheblich. Während einige Länder solche Analysen als essenziellen Bestandteil des Zulassungsprozesses betrachten, haben sie in anderen Ländern eine untergeordnete Bedeutung.

Europäische Union

In der EU sind nationale Gesundheitsbehörden für die Bewertung neuer Therapien zuständig. Länder wie Deutschland, Frankreich und das Vereinigte Königreich setzen mehr oder weniger stark auf gesundheitsökonomische Bewertungen:

- **Deutschland:** Nach der Zulassung eines Medikaments durch die Europäische Arzneimittel-Agentur (EMA) muss der Hersteller eine Nutzenbewertung gemäß dem Arzneimittelmarktneuordnungsgesetz vorlegen (sog. AMNOG-Verfahren). Diese bewertet den Zusatznutzen der Therapie, basierend auf gesundheitsökonomischen Kriterien, und dient als Grundlage für die dann stattfindenden Preisverhandlungen.
- **Vereinigtes Königreich:** Das National Institute for Health and Care Excellence (NICE) führt umfassende Kosten-Nutzen-Analysen durch. Eine Therapie wird nur im Rahmen des National Health Service (NHS) erstattet, wenn ihr Kosten-Nutzen-Verhältnis akzeptabel ist.
- **Frankreich:** Die Beurteilung des klinischen Nutzens einer Therapie obliegt einem wissenschaftlichen Gremium aus Ärzten, Pharmazeuten und Epidemiologen (Commission de la Transparence) unter Schirmherrschaft der französischen Gesundheitsbehörde (Haute Autorité de Santé; HAS), während die Kommission für wirtschaftliche Bewertung und öffentliche Gesundheit (Commission d'Evaluation Economique et de Santé Publique; CEESP) eine gesundheitsökonomische Bewertung durchführt. Die Erkenntnisse der gesundheitsökonomischen Bewertung werden dann vom Wirtschaftsausschuss für Gesundheitsprodukte (Commité Économique des Produits de Santé; CEPS) bei den Preisverhandlungen berücksichtigt.

Vereinigte Staaten

In den USA steht die Zulassung neuer Therapien unter der Aufsicht der Food and Drug Administration (FDA). Gesundheitsökonomische Studien spielen hier keine direkte Rolle im Zulassungsprozess. Allerdings führen Krankenversicherungen und Institutionen wie das Institute for Clinical and Economic Review (ICER) unabhängige Kosten-Nutzen-Analysen durch, um Empfehlungen zur Erstattung abzugeben.

Kanada und Australien

- **Kanada:** Die Canada's Drug Agency (CDA) bewertet neue Therapien hinsichtlich ihres klinischen Nutzens und ihrer Kosteneffizienz, bevor eine Kostenerstattung durch das öffentliche Gesundheitssystem erfolgt.
- **Australien:** Das Pharmaceutical Benefits Advisory Committee (PBAC) verlangt eine umfassende gesundheitsökonomische Analyse für die Erstattung neuer Medikamente durch das staatliche Gesundheitsprogramm Medicare.

Da Gesundheitsbudgets weltweit unter Druck stehen, wird die Rolle gesundheitsökonomischer Bewertungen in der Therapiezulassung weiter zunehmen. Regierungen und Kostenträger benötigen fundierte Analysen, um sinnvolle Entscheidungen über die Finanzierung neuer Behandlungen zu treffen. Zukünftig könnten harmonisierte internationale Standards für gesundheitsökonomische Bewertungen dazu beitragen, den Marktzugang für neue Therapien effizienter und transparenter zu gestalten.

FAZIT

Evidenzbasierte Medizin bietet einen systematischen Ansatz, um die bestmögliche Versorgung für Patienten sicherzustellen. Sie ist jedoch kein starrer Algorithmus, sondern eine dynamische Methode, die Wissenschaft, klinische Erfahrung und die individuelle Patientenperspektive vereint. In einer Zeit, in der medizinisches Wissen exponentiell wächst, bleibt die EbM ein unverzichtbares Werkzeug, um fundierte, ethisch verantwortungsvolle und patientenzentrierte Entscheidungen zu treffen.

Aus der Perspektive der pharmazeutischen und medizintechnischen Industrie sind medizinische Studien zudem ein wichtiges Marketinginstrument. Wer wissenschaftlich belegen kann, dass ein angebotenes Produkt zu besseren Behandlungsergebnissen führt, der hat ein gutes Argument in der Hand, um in der Ärzteschaft, die das Produkt an den

Mann bzw. an die Frau bringen soll, Gehör zu finden. Führt der wissenschaftliche Beleg darüber hinaus zur Aufnahme in die einschlägige Behandlungsleitlinie und zur Erstattungsfähigkeit, ist einer der wichtigsten Meilensteine im Market Access-Prozess erreicht.

Regeln, Regeln, Regeln

Das Gesundheitswesen ist eine der am stärksten regulierten Branchen weltweit. Diese Regulierung hat tiefgreifende Auswirkungen auf alle Stakeholder – von Patienten und Behandlern über Krankenversicherer bis hin zu Pharmaunternehmen und Medizintechnikhersteller. Und auch Investoren mit romantischen Wachstumsphantasien werden vom regulatorischen Korsett der Market Access-Aktivitäten gelegentlich auf den Boden der Tatsachen zurückgeholt.

Wozu Regulierung?

Die Regulierung im Gesundheitswesen hat zum Ziel, die Sicherheit, Wirksamkeit und Qualität von Gesundheitsprodukten und -dienstleistungen zu gewährleisten. Sie dient auch dem Schutz öffentlicher Interessen, wie der Bekämpfung von Gesundheitsungleichheiten und der Sicherstellung des Zugangs zu grundlegenden Gesundheitsleistungen. Regulierungsbehörden wie die U.S. Food and Drug Administration (FDA), die Europäische Arzneimittel-Agentur (EMA) oder nationale Gesundheitsministerien setzen strenge Standards für Zulassung, Vertrieb und Marketing von Arzneimitteln, Medizinprodukten und Dienstleistungen durch.

Die zentralen Elemente der Regulierung umfassen:

- **Zulassungsverfahren:** Bevor ein Medikament oder ein Medizinprodukt auf den Markt kommt, muss es umfangreiche klinische Prüfungen durchlaufen und regulatorische Prüfungen bestehen.

- **Preisregulierung:** In vielen Ländern unterliegen Arzneimittel einer Preisüberwachung oder Preisfestsetzung durch staatliche Stellen.
- **Erstattungspolitik:** Die Aufnahme eines Produkts in die Erstattungssysteme öffentlicher oder privater Krankenversicherungen ist entscheidend für dessen wirtschaftlichen Erfolg.
- **Vorschriften zur Werbung und Vermarktung:** Werbung für verschreibungspflichtige Medikamente oder medizinische Geräte unterliegt strengen Auflagen.

Unternehmertum in einem regulierten Markt

Die Regulierung hat erhebliche Konsequenzen für Unternehmen, die im Gesundheitssektor tätig sind. Diese Auswirkungen lassen sich in verschiedenen Bereichen beobachten:

Die Notwendigkeit, strenge regulatorische Anforderungen zu erfüllen, macht die **Entwicklung neuer Produkte** zeit- und kostenintensiv. Klinische Studien, die den Wirksamkeits- und Sicherheitsnachweis erbringen sollen, können sich über viele Jahre hinziehen und Hunderte Millionen Dollar kosten. Unternehmen müssen diese Investitionen tätigen, ohne Garantie, dass ihr Produkt letztlich zugelassen wird.

Market Access ist der Marktzugangsprozess, in dessen Rahmen Unternehmen darauf hinwirken, dass ihre Produkte von Gesundheitsbehörden zugelassen und in Erstattungssysteme aufgenommen werden. Regulierungsauflagen wie Nutzenbewertungen oder Kosten-Nutzen-Analysen sind zentrale Hürden, die über den Markterfolg entscheiden. Unternehmen müssen:

- **Gesundheitsökonomische Daten liefern:** Um die Aufnahme in Erstattungskataloge zu sichern, benötigen Unternehmen umfangreiche Belege dafür, dass ihr Produkt einen Mehrwert gegenüber bestehenden Therapien bietet.
- **Preissetzungsstrategien entwickeln:** Regulierte Märkte setzen oft Obergrenzen für Preise oder erfordern Preisverhandlungen mit staatlichen Stellen. Dies beeinflusst die Umsatzprognosen und Rentabilität neuer Produkte.

- **Stakeholder-Management betreiben:** Der Dialog mit politischen Entscheidungsträgern, Ärzten und Patientenorganisationen ist entscheidend, um regulatorische Akzeptanz zu schaffen.

Je nach Perspektive kann Regulierung sowohl als Barriere als auch als Wettbewerbsvorteil fungieren. Strenge Vorschriften können kleinere Unternehmen mit begrenzten Ressourcen benachteiligen oder gar am Markteintritt hindern, während große Konzerne von ihrer Erfahrung und ihren finanziellen Mitteln profitieren. Gleichzeitig kann die Einhaltung regulatorischer Anforderungen ein Qualitätssiegel darstellen, das das Vertrauen von Ärzten und Patienten stärkt.

Für Investoren ist das Verständnis regulatorischer Rahmenbedingungen von zentraler Bedeutung, da diese die Risiken und Chancen im Gesundheitswesen direkt beeinflussen. Auf der einen Seite bringen Regulierungsprozesse Unsicherheiten mit sich. Eine Ablehnung durch Aufsichtsbehörden oder unerwartete Verzögerungen können erhebliche finanzielle Verluste verursachen. Investoren müssen daher die Pipeline eines Unternehmens und den Market Access-Fortschritt seiner Produkte, insbesondere in Bezug auf Produkte in späten Entwicklungsphasen, im Blick haben, um Risiken im Zusammenhang mit regulatorischen Entscheidungen korrekt zu bewerten. Auf der anderen Seite können Produkte, die regulatorische Hürden erfolgreich nehmen, hohe Renditen erzielen und sind vorübergehend vor Wettbewerbern geschützt.

FAZIT

Die Regulierung des Gesundheitswesens ist ein zweischneidiges Schwert: Einerseits stellt sie hohe Anforderungen an Unternehmen, die Kosten und Komplexität erhöhen. Andererseits schafft sie einen stabilen und auf Standards basierenden Rahmen, der Transparenz schafft und Investitionen planbarer macht. Für Unternehmen und Investoren gleichermaßen ist ein grundlegendes Verständnis regulatorischer Gegebenheiten entscheidend, um erfolgreich in diesem komplexen und wettbewerbsintensiven Markt zu agieren.

Same same but different – die Gesundheitsbranche im internationalen Vergleich

Die Gesundheitssysteme weltweit unterscheiden sich hinsichtlich Struktur, Finanzierung und Funktionsweise. Diese Unterschiede resultieren aus historischen, kulturellen und wirtschaftlichen Gegebenheiten und beeinflussen maßgeblich die Qualität der Gesundheitsversorgung, die Zugangsmöglichkeiten der Bevölkerung zu ebendieser und deren Innovationsfähigkeit.

Andere Länder, andere Versicherungssysteme

Einer der markantesten Unterschiede zwischen den Gesundheitssystemen liegt in der Ausgestaltung der Krankenversicherung. In den meisten Industrieländern ist eines dieser drei grundlegenden Modelle oder eine Mischform hieraus vorzufinden:

1. **Das Beveridge-Modell** (z. B. in Großbritannien, Spanien und Italien): Die Gesundheitsversorgung wird über Steuern finanziert und ist für die gesamte Bevölkerung kostenlos oder sehr kostengünstig. Krankenhäuser und andere Einrichtungen befinden sich oft in staatlichem Besitz, Ärzte sind häufig öffentlich angestellt.
   - Vorteile: Universeller Zugang, geringe finanzielle Belastung für den Einzelnen.
   - Nachteile: Kaum Wettbewerbsdruck zur Optimierung von Qualität und Wirtschaftlichkeit, die Finanzierung des Gesundheitssystems steht in Konkurrenz zu den Budgetanforderungen anderer Politikbereiche.
2. **Das Bismarck-Modell** (z. B. in Deutschland, Frankreich und den Niederlanden): Die Finanzierung erfolgt über verpflichtende Beiträge zu Krankenkassen, die von Arbeitgebern und Arbeitnehmern getragen werden. Die Versorgung wird sowohl von

privaten als auch öffentlichen Gesundheitsdienstleistern bereitgestellt.

- Vorteile: Hoher Versorgungsstandard, Finanzierung weniger politikabhängig.
- Nachteile: Komplexe Verwaltungsstruktur, im Zuge einer alternden Gesellschaft müssen immer weniger Beitragszahler die Gesundheitsversorgung für immer mehr Menschen, die keine Beiträge mehr zahlen, finanzieren.

3. **Das Marktsystem** (z. B. in den USA): Die Gesundheitsversorgung basiert hauptsächlich auf privater Krankenversicherung, die individuell oder über Arbeitgeber abgeschlossen wird. Ein öffentliches System existiert für besonders bedürftige Gruppen (Medicare und Medicaid).
   - Vorteile: Mehr wettbewerbsgetriebene Innovation, hohe Versorgungsqualität für privat Versicherte.
   - Nachteile: Hohe Kosten, eingeschränkter Zugang für Unversicherte, soziale Ungleichheit.

Die Zusammenarbeit und die Machtverhältnisse der unterschiedlichen Akteure des Gesundheitswesens variieren stark zwischen den genannten Systemen. In zentralistisch organisierten Systemen wie dem Beveridge-Modell dominiert die Regierung, während in marktbasierten Systemen die Privatwirtschaft einen größeren Einfluss hat.

Für Investoren ist in diesem Zusammenhang auch ein Blick auf die in Abbildung 6 gezeigten Gesundheitsausgaben pro Kopf interessant.

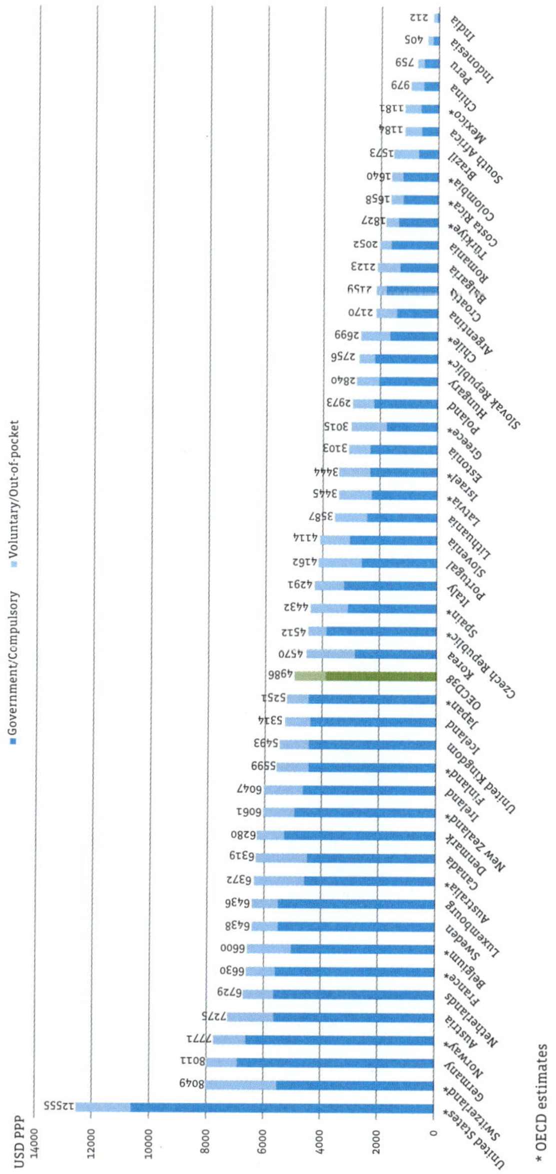

Abb. 6: Gesundheitsausgaben pro Kopf im internationalen Vergleich

Quelle: Eigene Darstellung basierend auf OECD Health Statistics 2023[5]; WHO Global Health Expenditure Database[6].

5 OECD Health Statistics: https://www.oecd.org/en/data/datasets/oecd-health-statistics.html [abgerufen am 13.5.2025]
6 Global Health Expenditure Database (GHED): https://apps.who.int/nha/database [abgerufen am 13.5.2025]

Die USA mit ihrem Marktsystem führen die Statistik mit großem Abstand an, gefolgt von der Schweiz, Deutschland und weiteren europäischen Ländern. Besonders bevölkerungsstarke Länder wie China oder Indien liegen weit hinten. Das macht deutlich, dass ein bloßer Blick auf die Einwohnerzahl nicht ausreicht, um wirtschaftlich interessante Märkte zu identifizieren. Vielmehr lassen sich hohe Umsätze voraussichtlich dort erzielen, wo das Produkt aus Einwohnerzahl und Gesundheitsausgaben pro Kopf besonders hoch ist.

Auf zu neuen Ufern: So funktioniert die Zulassung innovativer Therapien

Die Zulassung neuer Medikamente und Therapien ist ein weiterer wichtiger Unterscheidungsfaktor. Im Kern verläuft sie in den meisten Industrienationen vergleichbar in drei aufeinanderfolgenden Phasen, wie in Abbildung 7 dargestellt.

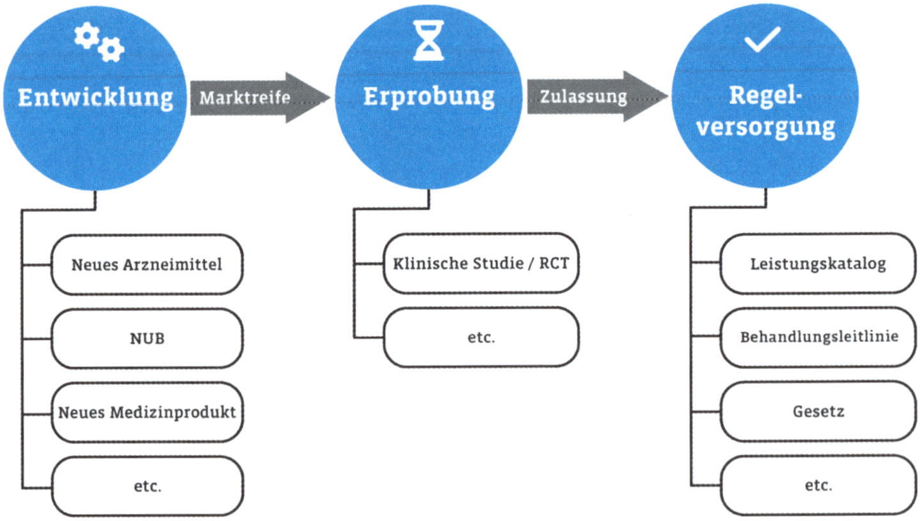

Abb. 7: Innovationen auf ihrem Weg ins Gesundheitswesen

Quelle: Eigene Darstellung.

Wie bei einer Investitionsentscheidung geht auch der Zulassung neuer Arzneimittel und Medizinprodukte im Grunde immer eine Chance-Risiko-

Abwägung voran: Chance auf Besserung vs. Nebenwirkungsrisiken. Dies kann kontextabhängig zu unterschiedlichen Entscheidungen im Hinblick auf dasselbe Produkt führen. Dient ein neuer Wirkstoff beispielsweise der Behandlung einer tödlichen Krebserkrankung, wird ein riskanteres Nebenwirkungsprofil in Kauf genommen, als wenn derselbe Wirkstoff zur Behandlung einer einfachen Infektionserkrankung zum Einsatz käme. Ein prägnantes Beispiel für eine Entgleisung dieses Mechanismus ist die Opioidkrise in den Vereinigten Staaten. Hier bekamen Menschen vielfach Zugang zu verschreibungspflichtigen Schmerzmitteln aus der Gruppe der Opioide, die ein hohes Suchtpotenzial aufweisen und eigentlich der Schmerzbehandlung in besonders schweren Fällen vorbehalten sind, zum Beispiel im Bereich der Notfall- oder Palliativmedizin oder nach größeren Operationen. Die Netflix-Serie „Painkiller" zeigt, wie es hierzu kommen konnte.

Während in den USA die Food and Drug Administration (FDA) relativ zentralisiert und zügig arbeitet, verfolgt die Europäische Union (EU) einen harmonisierten, aber komplexeren Ansatz über die European Medicines Agency (EMA) sowie die nationalen Zulassungsbehörden. Im Ergebnis produzieren die USA schnellere Innovationszyklen, aber auch höhere Zulassungskosten. Die EU-weite Harmonisierung bietet zwar Vorteile für die Erschließung des europäischen Binnenmarkts, jedoch verlangsamen unterschiedliche Erstattungsprozesse in den Mitgliedstaaten die Einführung neuer Therapien. Länder wie Japan und China haben eigene Regelwerke, die sich oft an internationale Standards anlehnen, aber zusätzlich spezifische nationale Anforderungen enthalten. In Anbetracht großer Patientenzahlen und Forschungskapazitäten wächst die Bedeutung des asiatischen Markts und man kommt auf kurz oder lang nicht umhin, sich auch mit den dort geltenden Zulassungsmechanismen zu beschäftigen.

Entscheidend ist, was hinten rauskommt: Gesundheitspolitische Ergebnisse im internationalen Vergleich

Die Gesundheitspolitik spiegelt die Prioritäten eines Landes wider. Während skandinavische Länder auf Prävention und soziale Gleichheit setzen, stehen in den USA Innovation und Wettbewerb im Vordergrund. Bereits Altkanzler Helmut Kohl stellte fest, dass entscheidend ist, was hinten rauskommt: Präventionsorientierte Systeme wie in Finnland oder Schweden erzielen bessere Ergebnisse bei Volkskrankheiten. Marktorientierte Systeme wie in den USA fördern Spitzenmedizin, weisen jedoch eine hohe Ungleichheit auf.

Zum internationalen Vergleich von Gesundheitssystemen wird häufig die Beziehung zwischen Gesundheitsausgaben und Lebenserwartung herangezogen. Ergebnisse einer entsprechenden OECD-Studie zeigt Abbildung 8.

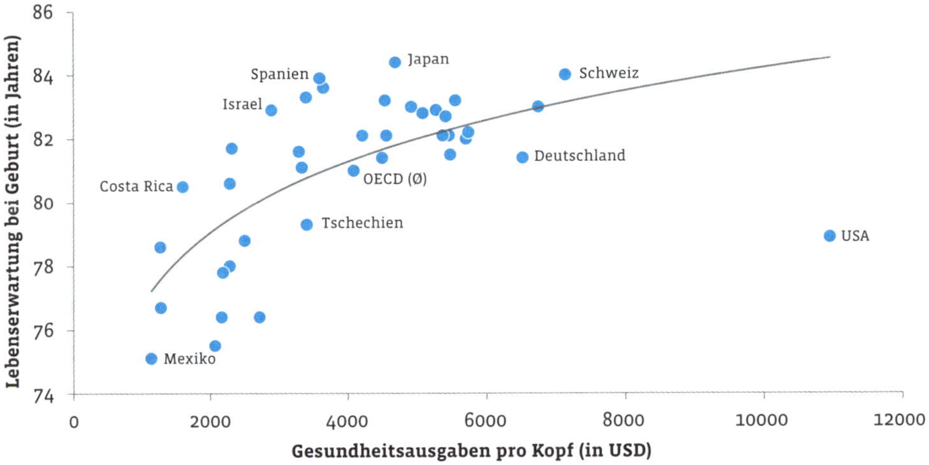

Abb. 8: Gesundheitsausgaben und Lebenserwartung im OECD-Ländervergleich

Quelle: Eigene Darstellung in Anlehnung an OECD (2021)[7].

Die Abbildung zeigt eine Lebenserwartung der Deutschen von 81,4 Jahren, aber auch vergleichsweise hohe Gesundheitsausgaben. Einige Länder wie Japan, Spanien oder Israel erreichen höhere Lebenserwartungswerte bei gleichzeitig niedrigeren Gesundheitsausgaben. Die USA, in der ein großer Teil der Gesundheitsausgaben privat finanziert werden, scheint in dieser Betrachtung äußerst ineffizient zu sein.

7 OECD (2021): Health at a Glance 2021 – OECD Indicators. Paris: OECD Publishing, S. 17 ff.: https://doi.org/10.1787/ae3016b9-en

In der Gesamtbetrachtung ist eine Korrelation von Gesundheitsausgaben und Lebenserwartung zu erkennen, was jedoch nicht mit einer Ursache-Wirkungs-Beziehung zu verwechseln ist. Vor diesem Hintergrund ist auch die Unterscheidung zwischen zwei konkurrierenden Thesen – der Kompressionsthese und der Medikalisierungsthese (auch als Morbiditätskompressions- und Morbiditätsexpansionsthese bezeichnet) – relevant. Die Kompressionsthese besagt, dass gewonnene Lebensjahre überwiegend gesund verbracht werden. Die letzte krankheits- und ausgabenintensive Lebensphase verschiebt sich – u. a. durch ein zweckmäßiges Gesundheitssystem – lediglich nach hinten und verkürzt sich womöglich sogar. Dagegen geht die Medikalisierungsthese davon aus, dass gewonnene Lebensjahre zunehmend in Krankheit und Behinderung verbracht werden. Die steigende Lebenserwartung führt damit zwangsläufig zu immer höheren Gesundheitsausgaben. Tatsächlich ist wohl an beiden Thesen etwas dran und in der Realität kommt es zu einer Koexistenz der unterstellten Mechanismen, wobei Präventionsmedizin eher auf die Kompressionsthese und „Reparaturmedizin" eher auf die Medikalisierungsthese einzahlt.

Im Übrigen ist der dargestellte Zusammenhang auch insoweit vorsichtig zu interpretieren, als, neben dem Konsum von Gesundheitsleistungen, weitere Faktoren – etwa Bildungs-, Lebens- oder Arbeitsbedingungen – auf die Lebenserwartung einwirken. Ebenso ist eine zunehmende Inanspruchnahme von Gesundheitsleistungen nicht per se mit einer Zunahme an Gesundheit verbunden.

FAZIT UND VERTIEFUNG

Die internationale Vielfalt der Gesundheitssysteme bietet Vor- und Nachteile, sowohl aus der Perspektive der Bevölkerungsgesundheit als auch für Investoren. Während universelle Modelle wie das Beveridge-System für soziale Gerechtigkeit sorgen, bieten marktorientiertere Ansätze wie in den USA mehr Innovationskraft. In Europa können Investitionen durch stabile Erstattungsmechanismen abgesichert sein, während asiatische Märkte aufgrund ihrer Wachstumsdynamik immer attraktiver werden.

Investoren sollten regulatorische Anforderungen, Erstattungsmodelle und Marktstrukturen in ihre Entscheidungen einbeziehen. Wie auch sonst beim Investieren gilt auch hier: Ein diversifiziertes Portfolio, das verschiedene Regionen abdeckt, kann helfen, Risiken zu minimieren und Chancen optimal zu nutzen.

Ein differenzierterer Gesundheitssystemvergleich mit vielen interaktiven Grafiken findet sich in Munira, Z. et al. (2023): *U.S. Health Care from a Global Perspective*, 2022: Accelerating Spending, Worsening Outcomes. Commonwealth Fund:

3 Trend is your Friend

Gesellschaftliche und technologische Trends bieten Hinweise darauf, welche Branchen in Zukunft stark wachsen könnten. Zum Beispiel führt die Alterung der Bevölkerung zu einem höheren Bedarf an Gesundheitsdienstleistungen und Pflege, was Unternehmen in diesen Bereichen zugutekommt. Technologische Trends wie die Digitalisierung und die künstliche Intelligenz schaffen neue Wachstumsfelder, etwa in den Bereichen IT, Fintech und Automatisierung. Wer ein sich veränderndes Konsumverhalten respektive einen Trend frühzeitig erkennt, hat die Möglichkeit, in innovative Unternehmen oder Branchen zu investieren, bevor die Masse es tut und der Marktwert stark ansteigt.

HINWEIS

Weiterführende Infos zu konkreten Innovationen, die auf den nachfolgend beschriebenen Megatrends basieren, finden sich in Kapitel 4 im Abschnitt „Innovationspotenziale: nichts Neues oder unbegrenzte Möglichkeiten?“.

Silver Society

Die „Silver Society" beschreibt eine Gesellschaft, in der der Anteil älterer Menschen stetig wächst und die Gesellschaftsstruktur zunehmend geprägt wird von Menschen über 60 Jahren. Dieser demografische Wandel, zu sehen in Abbildung 9, vollzieht sich in den meisten Industrieländern und hat tiefgreifende Auswirkungen auf nahezu alle Lebensbereiche.

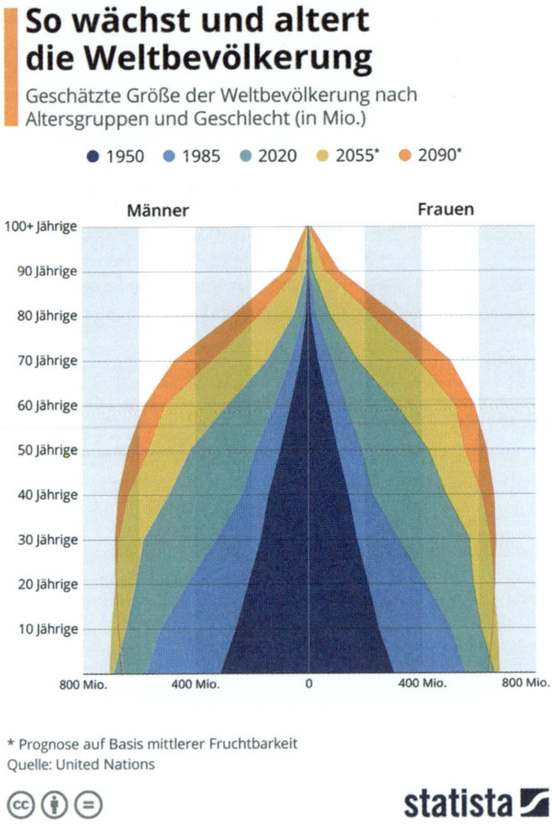

Abb. 9: Wachstum und Alterung der Weltbevölkerung – gestern, heute und morgen

Quelle: Statista basierend auf einer Prognose der Vereinten Nationen[8].

8 Janson, M. (2021): So wächst und altert die Weltbevölkerung. Statista. https://de.statista.com/infografik/24468/geschaetzte-groesse-der-weltbevoelkerung-nach--altersgruppen-und-geschlecht/ [abgerufen am 13.5.2025]

Bevölkerungswachstum findet inzwischen überproportional in den höheren Altersgruppen statt. Die Prognosen der Vereinten Nationen deuten darauf hin, dass sich dieser Trend auch in den nächsten Jahrzehnten fortsetzt.

Gesundheit und Alter

Ältere Menschen haben naturgemäß einen höheren Bedarf an medizinischer Versorgung als jüngere Bevölkerungsgruppen. Mit zunehmendem Alter steigt die Wahrscheinlichkeit chronischer Erkrankungen wie Diabetes, Herz-Kreislauf-Erkrankungen, Arthrose oder Demenz. Eine Studie, die in Italien, einem Land mit allgemeinem Zugang zur Gesundheitsversorgung und einer der ältesten Bevölkerungsgruppen der Welt, durchgeführt wurde, verdeutlicht das sehr gut (siehe Abbildung 10).

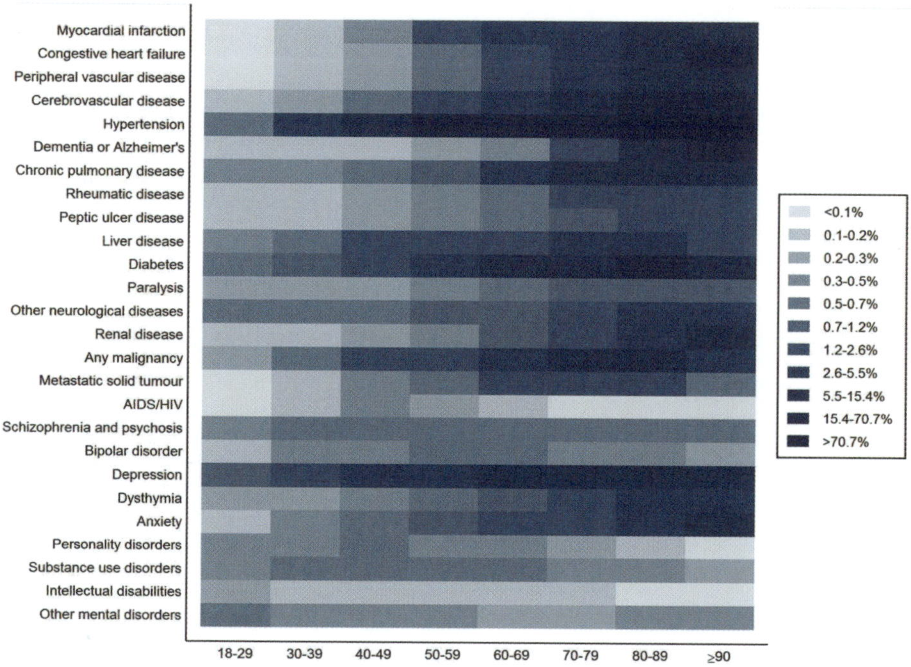

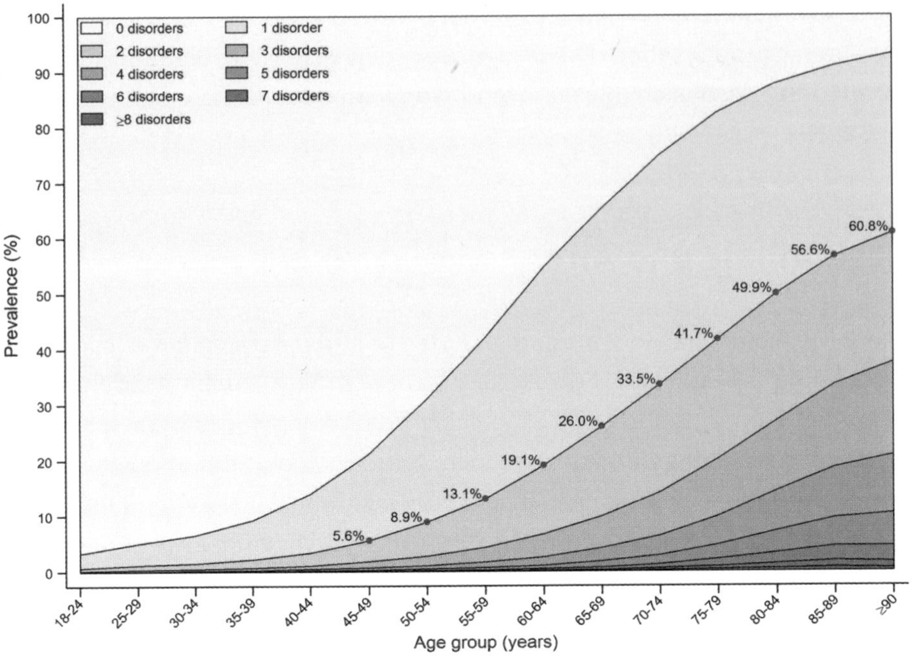

Abb. 10: Verbreitung ausgewählter Krankheiten nach Altersgruppen (oben) und Anzahl chronischer Erkrankungen nach Altersgruppen (unten)

Quelle: Lenzi, J. et al. (2016)[9].

Oben ist die Prävalenz von 26 ausgewählten Krankheiten nach Altersgruppen zu sehen – dunkle Blöcke stellen hohe Prävalenzwerte dar, während helle Blöcke niedrige Prävalenzwerte darstellen. Die Prävalenz aller Krankheiten nahm mit dem Alter zu, mit Ausnahme von AIDS/HIV und einigen psychiatrischen Störungen. Unten zu sehen: Der Anteil der Menschen mit Multimorbidität, d. h. mit mindestens zwei chronischen Erkrankungen (das sind die Punkte mit den Prozentangaben), steigt mit zunehmendem Alter deutlich an.

Einige dieser Krankheiten sind nicht heilbar und erfordern langfristige medizinische Betreuung, regelmäßige Untersuchungen und medikamentöse Behandlung. Dadurch wird nicht nur die Nachfrage nach ärztlichen Dienstleistungen höher, sondern auch nach spezialisierten Pflege- und Betreuungsdiensten. Mit steigender Nachfrage steigen auch die Gesund-

9 Lenzi, J. et al. (2016): Burden of multimorbidity in relation to age, gender and immigrant status: a cross-sectional study based on administrative data. BMJ Open, 6 (12): e012812. https://doi.org/10.1136/bmjopen-2016-012812

heitsausgaben. Die Finanzierung dieser Ausgaben wird zu einer immer größeren Herausforderung, da gleichzeitig die Zahl der Erwerbstätigen, die das Gesundheitssystem finanziell tragen, abnimmt.

Ein weiteres Problem ist der Mangel an qualifiziertem Personal. Gerade Pflegeberufe haben in vielen Ländern eine vergleichsweise geringe Attraktivität, da die Arbeitsbelastung hoch und die Bezahlung oft nicht angemessen ist. Dieser Mangel wird sich durch den demografischen Wandel weiter verschärfen, denn mit einer älter werdenden Bevölkerung steigt der Bedarf an Pflegekräften stark an, während das Angebot an entsprechend qualifizierten Menschen im arbeitsfähigen Alter abnimmt. Das belastet nicht nur die Versorgungsqualität, sondern zwingt Pflegeeinrichtungen und Krankenhäuser auch zur Anwerbung von Fachkräften aus dem Ausland.

Auch das Angebot an entsprechender Infrastruktur – Krankenhäuser, Pflegeheime, mobile Pflegedienste und Seniorenresidenzen – muss ausgebaut werden, um der Nachfrage gerecht zu werden.

Probleme sind nur dornige Chancen

Unternehmen, die sich auf die Bedürfnisse einer alternden Bevölkerung einstellen, können von diesem Wandel profitieren – ganz im Sinne dieser provokanten Maxime, die der ehemalige Bundesfinanzminister Christian Lindner in jungen Jahren zum Besten gab. Produkte und Dienstleistungen, die alternden Bevölkerungen zugutekommen, haben absehbar eine steigende Grundnachfrage. Beispiele hierfür sind:

- Medikamente und Therapien gegen altersassoziierte Erkrankungen
- Pflegeheime und ambulante Pflegeeinrichtungen
- Medizinische Geräte für Diagnostik und Rehabilitation
- Digitale Lösungen, die den Fachkräftemangel kompensieren

Diese Marktsegmente bieten stabile Ertragsaussichten, was sie für langfristige Investitionen attraktiv macht. Ein exemplarischer Blick in den GKV-Arzneimittelindex stützt diese These (Abbildung 11).

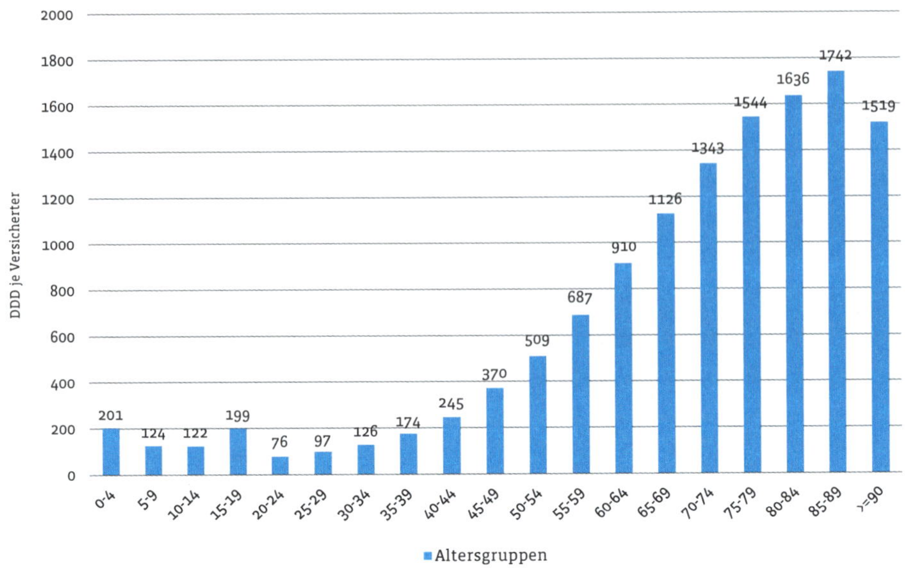

Abb. 11: Arzneiverbrauch von GKV-Versicherten in 2018 nach Tagesdosen (Defined Daily Dose; kurz: DDD)

Quelle: Eigene Darstellung basierend auf GKV-Arzneimittelindex im WIdO 2019[10].

Der durchschnittliche Arzneimittelkonsum je Versichertem in der GKV nimmt von der Gruppe der 20–24-Jährigen bis zur Gruppe der 85–89-Jährigen ungebrochen zu.

FAZIT UND VERTIEFUNG

Die alternde Gesellschaft oder auch „Silver Society“ wird das Gesundheitswesen in den kommenden Jahrzehnten grundlegend verändern. Auf der einen Seite stellt sie das System vor gewaltige Herausforderungen: steigende Kosten, wachsender Fachkräftemangel und ein erhöhtes Risiko von Überlastungen. Auf der anderen Seite eröffnet sie zahlreiche Chancen für innovative Geschäftsmodelle und technologische Lösungen, die den Bedürfnissen einer älter werdenden Bevölkerung gerecht werden. Werden diese Chancen gezielt genutzt, kann die „Silver Society“ zum Treiber für Innovation und wirtschaftliches Wachstum im Gesundheitswesen werden. Unternehmen, die sich auf

10 WIdO (2019): GKV-Arzneimittelindex – Arzneiverbrauch nach Altersgruppen 2018: https://www.wido.de/fileadmin/Dateien/Dokumente/Forschung_Projekte/Arzneimittel/wido_arz_verbrauch_altersgruppen_2018.pdf [abgerufen am 13.5.2025]

altersgerechte Lösungen spezialisieren, profitieren nicht nur wirtschaftlich, sondern leisten auch einen wichtigen Beitrag zur Lebensqualität älterer Menschen und zum Wohle der Gesellschaft.

Studie zur Belastung durch Multimorbidität in Abhängigkeit vom Alter:

Beitrag von Max Roser (2019) auf der Website „Our World in Data“: Die globale Bevölkerungspyramide: Wie sich die globale Demografie verändert hat und was wir für das 21. Jahrhundert erwarten können:

WiDO (2019): GKV-Arzneimittelindex – Arzneiverbrauch nach Altersgruppen 2018:

Digital Health

Der Überbegriff „Digital Health" (oder auch „E-Health") bezeichnet den Einsatz digitaler Technologien im Kontext der Gesundheitsversorgung. Die digitale Gesundheitsversorgung hat sich in den letzten Jahren rasant entwickelt und verändert die Art und Weise, wie medizinische Dienstleistungen erbracht, überwacht und organisiert werden. Angetrieben durch technologische Fortschritte, ein wachsendes Gesundheitsbewusstsein und die zunehmende Nachfrage nach flexiblen, nutzerorientierten Lösungen, hat Digital Health das Potenzial, die Gesundheitslandschaft nachhaltig zu transformieren.

Die Digitalisierung der Gesundheitsversorgung

In den letzten Jahren haben digitale Technologien, wie Telemedizin, mobile Gesundheitsanwendungen (Health Apps), Wearables, elektronische Gesundheitsakten, Big Data und Virtual Reality das Gesundheitswesen revolutioniert. Was zunächst als Ergänzung zu herkömmlichen Angeboten begann, hat sich mittlerweile zu einem zentralen Bestandteil der Gesundheitsversorgung entwickelt und ist nicht mehr wegzudenken.

Die **Telemedizin**, also die Diagnose und Behandlung von Patienten über digitale Kanäle aus der Ferne, hat durch die COVID-19-Pandemie einen enormen Schub erhalten. Sie ermöglicht Patienten den Zugang zu medizinischer Beratung und Diagnostik von zu Hause aus, wodurch die Anfahrtszeit und das Risiko einer Ansteckung in Wartezimmern minimiert werden. Mittlerweile ist Telemedizin in vielen Gesundheitssystemen etabliert und deckt ein breites Spektrum an Leistungen ab – von psychologischer Beratung bis hin zur Nachsorge nach Operationen. Diese Art der medizinischen Betreuung schafft nicht nur mehr Flexibilität, sondern entlastet auch Arztpraxen und Krankenhäuser in ihrem Vor-Ort-Betrieb.

Gesundheits-Apps erfreuen sich wachsender Beliebtheit und werden inzwischen von Millionen von Menschen genutzt. Sie bieten eine breite Palette von Funktionen: Fitness-Tracking, Medikamenten-Erinnerungen, Überwachung von Vitaldaten und Zugang zu personalisierten Gesundheitsinformationen. Diese Apps ermöglichen es den Nutzern, aktiv an ihrer Gesundheit mitzuwirken und bieten Unternehmen wertvolle Daten zur Weiterentwicklung ihrer Produkte und Dienstleistungen.

Die zunehmende Verbreitung von **Wearables**, wie Smartwatches und Fitness-Trackern, ermöglicht eine kontinuierliche Überwachung wichtiger Vitalparameter, darunter Herzfrequenz, Blutsauerstoffgehalt, EKG-Daten und Schlafmuster. Wearables liefern wertvolle Informationen, die dazu beitragen, Krankheiten frühzeitig zu erkennen und den Gesundheitszustand von Patienten zu überwachen, insbesondere bei chronischen Erkrankungen wie Diabetes, Herz-Kreislauf-Problemen oder Parkinson. Diese Technologie bietet sowohl Patienten als auch Ärzten neue Möglichkeiten, den Gesundheitszustand kontinuierlich zu kontrollieren und bei Auffälligkeiten schneller einzugreifen.

Elektronische Gesundheitsakten gehören zu den zentralen Bausteinen einer Digital-Health-Strategie und ermöglichen eine umfassende Dokumentation und Speicherung von Gesundheitsdaten im digitalen Raum. Patienten können ihre medizinischen Informationen, darunter Befunde, Rezepte und Impfpässe, so digital verwalten und mit Ärzten teilen. Das erleichtert den Austausch von Informationen zwischen verschiedenen Behandlern und verbessert die Behandlungsqualität, da alle Beteiligten unkompliziert auf den aktuellen Informationsstand zugreifen können. Elektronische Gesundheitsakten bieten darüber hinaus Chancen für Unternehmen, datengestützte Gesundheitsdienstleistungen zu entwickeln, etwa durch personalisierte Präventionsmaßnahmen und Empfehlungen.

Big Data hat das Potenzial, das Gesundheitswesen tiefgreifend zu verändern, indem große Mengen an Gesundheitsdaten analysiert werden, um neue Erkenntnisse zu gewinnen. Diese Daten stammen aus verschiedenen Quellen, darunter Patientendatenbanken, Wearables, Social Media und öffentlich zugänglichen Gesundheitsinformationen. Big-Data-Analysen unterstützen die Forschung und Entwicklung, helfen bei der Früherkennung von Krankheitsausbrüchen und ermöglichen Gesundheitsdienstleistern, die Bedürfnisse ihrer Patienten besser zu verstehen. Für Pharmaunternehmen und Forschungseinrichtungen eröffnet Big Data neue Möglichkeiten für die Entwicklung und Erprobung von Medikamenten und Therapien.

Virtual Reality (VR) eröffnet völlig neue Möglichkeiten für Diagnostik, Therapie und medizinische Ausbildung. Die immersive Technologie ermöglicht es, Patienten bzw. angehende Fachkräfte in realistische, interaktive Umgebungen zu versetzen, um Versorgung effektiver bzw. Schulungen praxisnäher zu gestalten. Ein Einsatzbereich ist die Psychotherapie. Hier zeigt der Einsatz von VR-Brillen vielversprechende Ergebnisse, indem sie, z. B. für Betroffene von Angststörungen, realistische, aber kontrollierte Konfrontationen ermöglichen. In der medizinischen Ausbildung revolutioniert VR beispielsweise die Schulung von Chirurgen. Durch realitätsnahe Simulationen können komplexe Operationen risikofrei trainiert werden. Dies verbessert nicht nur die chirurgischen Fähigkeiten, sondern erhöht auch die Patientensicherheit. Ein weiteres wachsendes Feld ist die Rehabilitation. VR-gestützte Bewegungsübungen motivieren Patienten mit Schlaganfall oder Rückenschmerzen und fördern die Genesung durch interaktive, ansprechende Umgebungen. Darüber hinaus unterstützt VR die Diagnose, indem es beispielsweise neurologische Störungen oder Sehbeeinträchtigungen durch gezielte Tests in einer simulierten Umgebung erkennt. Die Verbindung von virtueller Realität mit Telemedizin und personalisierter Therapie könnte die Art und Weise, wie wir Krankheiten behandeln und heilen, grundlegend verändern.

Ein zukünftiges Digital Health-Highlight könnten sogenannte Brain-Computer-Interfaces (BCIs) werden. BCIs sind Systeme, die eine direkte Verbindung zwischen dem Gehirn und einem Computer herstellen, um Signale aus dem Gehirn zu erfassen, zu verarbeiten und in Steuerbefehle für externe Geräte umzuwandeln. Sie funktionieren, indem sie elektrische Hirnaktivität, beispielsweise mit Hilfe implantierter Elektroden, messen und in digitale Signale übersetzen. Der aktuelle Forschungsstand konzentriert sich auf die Verbesserung der Signalverarbeitung und Präzision unter Zuhilfenahme künstlicher Intelligenz. BCIs helfen insbesondere Menschen mit neurologischen Erkrankungen wie ALS, Querschnittslähmung oder Schlaganfall, indem sie ihnen ermöglichen, Prothesen, Computer oder Kommunikationshilfen allein durch Gedanken zu steuern.

Vom Digitalisierungsstau zu „digital first“

Wer sich mit dem deutschen Gesundheitswesen beschäftigt, stolpert früher oder später unweigerlich über den Begriff „Digitalisierungsstau“. Während andere Branchen längst von digitalen Prozessen profitieren, kämpfen Krankenhäuser und Praxen mit Papierakten, Faxgeräten und unzureichender Vernetzung. Veraltete IT-Systeme, fehlende Interoperabilität und langsame gesetzliche Anpassungen bremsen den Digitalisierungsfortschritt. Datenschutzbedenken und komplexe Bürokratie verzögern zusätzlich die Einführung digitaler Lösungen wie der elektronischen Patientenakte oder der Telemedizin. Andere Länder sind hier bereits weiter, wie der Digital-Health-Index in Abbildung 12 zeigt.

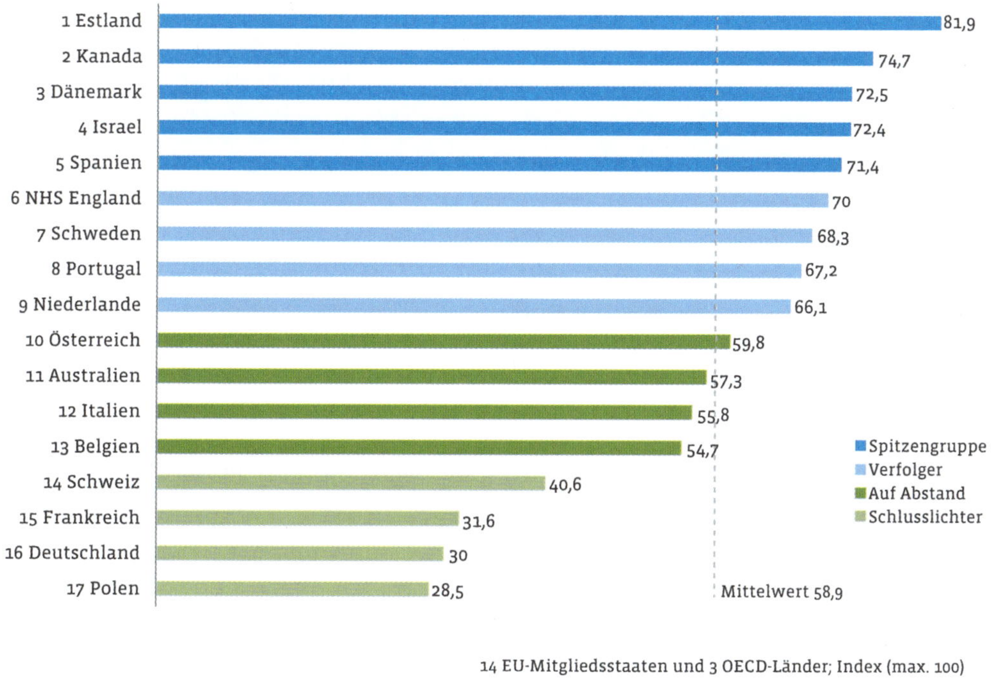

Abb. 12: Digital-Health-Index in ausgewählten Ländern im Jahr 2018

Quelle: Eigene Darstellung basierend auf #SmartHealthSystems; Bertelsmann Stiftung[11].

11 #SmartHealthSystems – Digitalisierungsstrategien im internationalen Vergleich; Bertelsmann Stiftung: https://www.bertelsmann-stiftung.de/de/unsere-projekte/der-digitale-patient/projektthemen/smarthealthsystems [abgerufen am 13.5.2025]

Der Digital-Health-Index misst den Grad der Digitalisierung in den Gesundheitssystemen verschiedener Länder auf einer Skala von 0 bis 100. Beim Ranking werden die nationalen Digital Health-Strategien, die Digital Health-Readiness sowie die tatsächliche digitale Vernetzung im Gesundheitswesen berücksichtigt. Mit einem Indexwert von 81,9 Punkten erreichte Estland in 2018 den höchsten Digitalisierungsgrad, während Deutschland mit 30 Punkten auf dem vorletzten Platz vor Polen landete.

Der smarte Investor ärgert sich nicht lange über den deutschen Rückstand, sondern erkennt das darin versteckte Potenzial:

- Dass die Digitalisierung in anderen Ländern und Branchen deutlich weiter ist, eröffnet gewissermaßen einen Blick in die Zukunft. Digitale Geschäftsmodelle, die sich im deutschen Gesundheitswesen noch in den Kinderschuhen befinden, haben in der Konsumgüterindustrie, der Finanzbranche oder in Gesundheitssystemen andernorts längst den Praxis-Check bestanden und erwirtschaften hohe Umsätze.
- Der politische Druck, den Digitalisierungsstau aufzuholen, steigt. Hierzu muss viel Geld in die Hand genommen werden, das dann in entsprechende Geschäftsmodelle fließt – vergleichbar mit dem Investitionsstau bei der Bundeswehr.

Gesundheitsplattformen, die Patienten, Ärzte und Gesundheitsdienstleister miteinander vernetzen, bieten vor diesem Hintergrund ein enormes Wachstumspotenzial. Diese Plattformen kombinieren häufig Funktionen wie die Terminvereinbarung, das Teilen von Gesundheitsdaten und die Kommunikation mit medizinischem Fachpersonal.

Die Nachfrage nach Telemedizin-Dienstleistungen wird auch in Zukunft weiter zunehmen. Unternehmen, die innovative Telemedizin-Lösungen anbieten, stehen daher vor einer vielversprechenden Marktchance. Investoren können von diesem Trend profitieren, indem sie in Unternehmen investieren, die eine breite Palette an telemedizinischen Services anbieten, wie z. B. Video-Konsultationen, Fernmonitoring und die Einlösung digitaler Rezepte. Die Akzeptanz von Telemedizin wird nicht nur durch die Patienten, sondern auch durch Gesundheitssysteme und Versicherungen verstärkt, die zunehmend telemedizinische Leistungen erstatten. In Anbetracht des Fachkräftemangels und der Unterversorgung in einigen, insbesondere ländlichen Regionen, ist am Horizont bereits zu sehen, dass die telemedizinische Fernversorgung zur neuen Standardversorgung wird.

Die wachsende Datenmenge im Gesundheitswesen schafft Chancen für Unternehmen, die „Data-as-a-Service"-Angebote (DaaS) bereitstellen. DaaS-Unternehmen sammeln, speichern und analysieren Gesundheitsdaten und bieten anderen Unternehmen, wie Pharmafirmen oder Forschungseinrichtungen, diese Analysen an.

FAZIT UND VERTIEFUNG

Digital Health hat das Potenzial, das Gesundheitswesen fundamental zu verändern und die Lebensqualität der Menschen zu verbessern. Durch Technologien wie Telemedizin, Wearables und Big Data können Gesundheitsdienstleistungen patientenorientierter gestaltet werden, während Prozesskosten im Gesundheitssystem gesenkt werden.

So funktioniert der Digital-Health-Index:

Health AI

Künstliche Intelligenz (KI) hat sich in den letzten Jahren zu einer der vielversprechendsten Technologien in der Gesundheitsversorgung und der Biotechnologie entwickelt. Die Anwendung von KI im Gesundheitswesen, oft als „Health AI" bezeichnet, bietet zahlreiche Möglichkeiten zur Verbesserung der Diagnostik, der Behandlung, der Forschung und Entwicklung sowie der Prozesseffizienz des gesamten Gesundheitssektors. Die Fähigkeit von KI, große Datenmengen in kurzer Zeit zu analysieren, ermöglicht neue Erkenntnisse, die für Menschen allein nur schwer zugänglich wären. Gleichzeitig hilft dieses „Talent“ dabei, aktuellen Herausforderungen im Gesundheitswesen, etwa dem viel zitierten Fachkräftemangel, der Wissensexplosion und der wachsenden Informationsflut, Herr zu werden.

Zahlreiche KI-basierte Medizinprodukte sind bereits heute zugelassen. Allein die FDA-Liste KI-basierter Medizinprodukte, die für die Vermarktung in den Vereinigten Staaten zugelassen sind, umfasst 1.016 Eintragungen (Stand: März 2025). Der Großteil entfällt dabei auf die Radiologie, die mit einem Anteil von mehr als zwei Dritteln aller Zulassungen das mit Abstand führende Fachgebiet ist. Weitere Zulassungen entfallen insbesondere auf die Kardiologie sowie die Neurologie – ein interessantes Indiz dafür, dass die Akzeptanz KI-basierter Verfahren in diesen Fachdisziplinen vergleichsweise hoch zu sein scheint.

Künstliche Intelligenz in der Diagnostik

Die medizinische Diagnostik ist ein Bereich, in dem KI bereits erheblichen Mehrwert bietet. Bildgebende Verfahren wie Röntgen, MRT und CT erzeugen große Mengen an Bildmaterial, das bisher von Radiologen ausgewertet werden musste. KI-Algorithmen sind jedoch in der Lage, diese Bilder in kürzester Zeit zu analysieren und Anomalien zu erkennen – oft mit einer Genauigkeit, die der von erfahrenen Radiologen entspricht oder diese sogar übertrifft. Diese Unterstützung durch KI ermöglicht eine schnellere Diagnosestellung, was insbesondere bei akuten Erkrankungen wie Schlaganfällen oder Tumorerkrankungen ein Gamechanger sein kann. KI-Systeme können auf Basis von MRT- oder Röntgenbildern Tumore oder Anzeichen von Krankheiten oft schon in einem sehr frühen Stadium erkennen. Auf eine frühzeitige Diagnose folgt ein frühzeitiger Therapiebeginn, was wiederum die Heilungschancen verbessert.

In der Pathologie – ein medizinischer Bereich, zu dem die Analyse von Gewebeproben unterm Mikroskop gehört – kommt KI zum Einsatz, um Gewebeproben auf Zellveränderungen zu analysieren und zu klassifizieren. Algorithmen können dabei helfen, eine große Anzahl von Proben zu bewerten und Auffälligkeiten zu identifizieren, die auf Krebserkrankungen oder andere Krankheitsbilder hindeuten.

Auch sind KI-Systeme bzw. Deep-Learning-Algorithmen bereits heute dazu in der Lage, Augen- und Hautkrankheiten anhand von Fotos oder Scans zu erkennen und einzuschätzen. Bereits im Jahr 2017 wurde eine Studie der Stanford University veröffentlicht, in deren Rahmen eine künstliche Intelligenz demonstrieren konnte, dass sie Hautkrebs ähnlich zuverlässig erkennt wie erfahrene Hautärzte. Google Health entwickelt KI-Technologien, die bei der Erkennung von diabetischer Retinopathie – das ist eine Veränderung an der Netzhaut, die sich infolge einer Zuckerkrankheit (Diabetes) entwickelt – und anderen Augenerkrankungen helfen.

In den kommenden Jahren wird erwartet, dass KI in der Diagnostik noch präziser und zugänglicher wird. Durch das Training von KI-Modellen mit großen, vielfältigen Datensätzen kann die Genauigkeit weiter erhöht und die Systeme auf eine breitere Palette von Krankheiten ausgeweitet werden. Auch die Integration in den klinischen Alltag wird durch automatisierte Workflows und intelligente Systeme einfacher. Für Patienten bedeutet dies eine schnellere und genauere Diagnose, während Ärzte durch eine Automatisierung der Behandlungsdokumentation entlastet werden.

Künstliche Intelligenz in der Therapie

Weitere vielversprechende Anwendungsbereiche für Health AI sind die Therapieplanung und Personalisierung der Medizin. Traditionell basieren Therapien oft auf standardisierten Ansätzen, die nicht immer auf die individuellen Bedürfnisse eines Patienten abgestimmt sind. Mit Hilfe von KI und datenbasierten Erkenntnissen ist es jedoch möglich, maßgeschneiderte Behandlungspläne zu entwickeln, die auf individuellen Merkmalen des einzelnen Patienten beruhen. Durch die Analyse genetischer und molekularer Profile können KI-Systeme zum Beispiel dabei helfen, die individuell wirksamsten Krebsmedikamente auszuwählen. Weiterhin kann künstliche Intelligenz Daten über den Stoffwechsel, die genetische Ausstattung, getrackte Vitalparameter und frühere Behandlungsergebnisse eines Patienten auswerten, um die optimale Dosierung von Medikamenten festzulegen. Dies reduziert Nebenwirkungen und erhöht die Wirksamkeit der Behandlung. Bei chronischen Erkrankungen wie Diabetes oder Herz-Kreislauf-Erkrankungen kann KI helfen, die Behandlung laufend aktuellen Bedarfen anzupassen. Voraussetzung hierfür sind die Verfügbarkeit und Integration von Echtzeitdaten aus Wearables & Co. in die Behandlungsplanung.

In den nächsten Jahren wird erwartet, dass KI zunehmend eine Schlüsselrolle in der Gesundheitsversorgung übernehmen wird. Mit der Verfügbarkeit immer umfangreicherer Datenbanken kann KI dazu beitragen, passgenaue Therapien für verschiedene Patientengruppen zu entwickeln und zeitnah zugänglich zu machen. Dies schafft nicht nur bessere Behandlungsergebnisse, sondern kann auch die Systemkosten senken, indem unnötige oder weniger effektive Therapien vermieden werden. In einer 2025 publizierten Studie der Ohio State University wurde gar gezeigt, dass Texte von ChatGPT kaum noch von denen erfahrener Paartherapeuten unterschieden werden können. In vielerlei Hinsicht schnitten die Antworten von ChatGPT im direkten Vergleich sogar besser ab. In einer randomisiert-kontrollierten Studie des renommierten Dartmouth College wurde erstmals die Wirksamkeit eines vollständig auf generativer KI basierenden Therapie-Chatbots zur Behandlung psychischer Symptome auf klinischem Niveau untersucht. Die Ergebnisse sind vielversprechend: „Therabot" wurde aktiv genutzt und erhielt gute Nutzerbewertungen. Optimierte Gen-AI-Chatbots bieten somit einen praktikablen Ansatz für personalisierte Interventionen im Bereich der psychischen Gesundheit im großen Maßstab. Derartige Studienergebnisse sind auch insofern bemerkenswert, als sogenannte Empathie-Berufe lange als „KI-sicher" galten.

Künstliche Intelligenz in der Forschung und Entwicklung

KI revolutioniert auch die Forschung und Entwicklung in der Biotechnologie und Pharmazie. Traditionell sind die Entwicklung und Erprobung neuer Medikamente kostenintensiv und zeitaufwendig. Mit KI lassen sich diese Prozesse jedoch erheblich beschleunigen und effizienter gestalten.

Im ersten Schritt kann KI dabei helfen, neue Medikamente zu entdecken, indem sie große Datenbanken auf Molekülstrukturen analysiert, die möglicherweise gegen bestimmte Krankheiten wirksam sind. Deep-Learning-Modelle können Verbindungen und Muster erkennen, die für den Menschen kaum sichtbar wären, und so neue Anknüpfungspunkte für die Wirkstoffentwicklung identifizieren. Auch können KI-gestützte Analysen bei der Identifizierung von Biomarkern helfen, die als Frühwarnsignale für bestimmte Krankheiten dienen. Diese Biomarker können dann als Zielstrukturen für die Entwicklung neuer Diagnosetests genutzt werden.

In klinischen Studien sorgt der KI-Einsatz für eine optimierte Patientenselektion und -überwachung, was die Erfolgsquote und Effizienz entsprechender Studien erhöht. Machine-Learning-Modelle können helfen, Patienten zu identifizieren, die aufgrund bestimmter Merkmale voraussichtlich am besten auf die zu testenden Medikamente ansprechen. Zudem können spezielle KI-Systeme bei der Dokumentation und Administration klinischer Studien unterstützen.

Health AI hat somit das Potenzial, den F&E-Prozess für Medikamente und Therapien zu beschleunigen und kostengünstiger zu gestalten. In Zukunft könnten neue Medikamente innerhalb von Monaten, anstatt Jahren, entwickelt und präklinisch getestet werden. So könnten KI-basierte Simulationen und Prozessoptimierungen in klinischen Studien den Marktzugang für lebensrettende Medikamente beschleunigen.

Künstliche Intelligenz im Informationsmanagement

Der Einsatz von künstlicher Intelligenz im medizinischen Informations- und Dokumentationsmanagement sowie in der gesamten Prozessadministration hat in den letzten Jahren deutlich an Bedeutung gewonnen. Aktuell werden KI-Technologien vor allem zur Unterstützung bei der Erfassung, Strukturierung und Analyse medizinischer Daten eingesetzt. Durch Verfahren der natürlichen Sprachverarbeitung (Natural Language Processing, NLP) lassen sich beispielsweise Diktate oder Freitexteinträge in elektronischen Gesundheitsakten automatisch in strukturierte Informationen umwandeln. Dies entlastet medizinisches Personal von administrativen Aufgaben und erhöht gleichzeitig die Datenqualität. Ein wichtiger Aspekt ist zudem die Verbesserung der Interoperabilität medizinischer Daten: KI hilft dabei, Informationen aus unterschiedlichen Quellen und Systemen zu harmonisieren.

Im Bereich der Prozessadministration optimieren KI-gestützte Anwendungen zunehmend Abläufe im Klinikalltag. Dazu gehören etwa die automatische Terminvergabe, die intelligente Ressourcenplanung für Operationssäle oder Bettenkapazitäten sowie die Automatisierung von Verwaltungsprozessen. KI-Systeme analysieren historische und aktuelle Daten, um Engpässe frühzeitig zu erkennen und Entscheidungen zu unterstützen – sei es bei der Personaldisposition oder im Entlassungsmanagement. Auch bei der medizinischen Kodierung und Abrechnung können KI-Systeme helfen, indem sie relevante Diagnosen und Prozeduren automatisiert erkennen und den passenden Klassifikationen zuordnen.

Ein weiterer Wachstumsbereich ist die klinische Entscheidungsunterstützung. Hier kommen KI-Anwendungen zum Einsatz, um medizinisches Fachpersonal bei der Diagnostik und Therapieplanung oder der Einschätzung der Behandlungsdringlichkeit zu unterstützen. Basierend auf großen Datenmengen – etwa aus Patientenhistorien, Labordaten oder wissenschaftlicher Literatur – generieren KI-Systeme evidenzbasierte Empfehlungen. So können beispielsweise Warnungen bei möglichen Wechselwirkungen von Medikamenten ausgesprochen oder Risikopatienten frühzeitig erkannt werden. Auch in der Bilddiagnostik, etwa in der Radiologie oder Pathologie, hilft KI bei der Detektion krankhafter Veränderungen. Ziel ist dabei nicht, ärztliche Entscheidungen zu ersetzen, sondern sie zu fundieren und zu beschleunigen.

Mit Blick auf die Zukunft zeichnet sich ab, dass KI-Systeme zunehmend personalisiert und adaptiv gestaltet werden. Prozesse sollen sich dynamisch an individuelle Patientenverläufe und klinische Gegebenheiten anpassen können. Echtzeitdaten werden dabei eine immer größere Rolle spielen, um proaktive Entscheidungen im Versorgungsprozess zu ermöglichen. Gleichzeitig gewinnen Aspekte wie Transparenz, Datenschutz und ethische Standards an Relevanz – insbesondere in einem sensiblen Bereich wie dem Gesundheitswesen.

FAZIT UND VERTIEFUNG

Angesichts des enormen Potenzials von KI in Diagnostik, Therapie, Forschung und Entwicklung ist Health AI zu einem attraktiven Investitionsbereich geworden. In den kommenden Jahren wird KI im Gesundheitswesen unverzichtbar werden, um die Qualität und Zugänglichkeit von Gesundheitsdiensten zu steigern und auf die Herausforderungen einer alternden und wachsenden Weltbevölkerung zu reagieren. Allerdings gibt es rund um Health AI auch Herausforderungen und Risiken. Datenschutz und ethische Fragen spielen eine große Rolle, da der Umgang mit sensiblen Gesundheitsdaten strengen Regelungen unterliegt. Die Sicherheit und Zuverlässigkeit von KI-Systemen müssen kontinuierlich überwacht und verbessert werden, um Fehlentscheidungen zu vermeiden. Zudem ist die Akzeptanz bei Patienten und Ärzten entscheidend, um Health AI erfolgreich zu integrieren.

Studie zur Klassifizierung von Hautkrebs auf Dermatologen-Niveau mit Hilfe von künstlicher Intelligenz:

Studie zur Performance von ChatGPT als Paartherapeut:

Studie zum Einsatz eines generativen KI-Chatbots zur Behandlung psychischer Erkrankungen:

Ein weiteres Beispiel kommt aus der Lungenkrebsdiagnostik: Im ersten Schritt wird eine Röntgenaufnahme des Brustkorbs, ein sog. Thorax-CT, angefertigt und vom Radiologen analysiert. In einer Studie wurde gezeigt, dass die Erkrankung bei Anwendung einer KI-Technologie schneller und präziser diagnostiziert werden kann:

Personalized Medicine

Die personalisierte Medizin steht für einen Paradigmenwechsel im Gesundheitswesen, bei dem Diagnosen und Therapien nicht mehr nach dem „One-size-fits-all“-Prinzip erfolgen, sondern auf die individuellen gesundheitlichen Besonderheiten des einzelnen Patienten zugeschnitten sind. Dieser Ansatz hat das Potenzial, die Behandlungserfolge deutlich zu verbessern und Nebenwirkungen zu reduzieren. Dank technologischer Innovationen, wie der Genomsequenzierung, Künstlicher Intelligenz und Big Data, hat die personalisierte Medizin in den letzten Jahren rasante Fortschritte gemacht und steht heute an der Schwelle zur breiten Anwendung.

Grundlagen der personalisierten Medizin

Die personalisierte Medizin basiert auf der Tatsache, dass sich Patienten in ihren genetischen Profilen, ihrer gesundheitlichen Vorgeschichte und ihrem Lebensstil voneinander unterscheiden und dass diese Unterschiede entscheidend für den Erfolg einer Behandlung sein können. Dies zeigt sich besonders deutlich in der Onkologie. Tumore können genetisch sehr unterschiedlich sein und benötigen entsprechend verschiedene Therapieansätze. Die personalisierte Medizin nutzt diese Unterschiede, um gezielt und effektiv auf die Bedürfnisse einzelner Patienten einzugehen und dabei individuelle Gesundheitsdaten und genetische Informationen in die Therapieentscheidungen einzubeziehen. Wichtige Komponenten der personalisierten Medizin sind:

- **Genomik und molekulare Diagnostik**: Durch das „Lesen“ von Erbinformationen, die sog. Sequenzierung, können genetische Mutationen oder Prädispositionen für bestimmte Krankheiten erkannt werden, was eine gezieltere und frühzeitigere Therapie ermöglicht.
- **Biomarker-Analyse**: Biomarker sind messbare biologische Merkmale (z. B. der Blutzuckerspiegel), die Aufschluss über den Gesundheitszustand eines Patienten geben. Sie können als Indikato-

ren für das Ansprechen auf bestimmte Medikamente oder für das Risiko spezifischer Erkrankungen dienen.

- **Künstliche Intelligenz und Datenanalyse**: KI und Big-Data-Technologien ermöglichen die Analyse großer Mengen genetischer, klinischer und sonstiger Daten (z. B. Trackingdaten aus Smartwatch & Co.), um Muster und Zusammenhänge zu erkennen, die für die personalisierte Medizin genutzt werden können. KI kann Ärzten helfen, auf Basis von Gesundheitsdaten präzisere Diagnosen und Therapieentscheidungen zu treffen.
- **Pharmakogenomik**: Dieser Teilbereich untersucht, wie die genetische Ausstattung eines Menschen dessen Reaktion auf bestimmte Medikamente beeinflusst. Auf dieser Grundlage lassen sich Medikamente und deren Dosierungen präziser auf den individuellen Patienten zuschneiden.

Personalisierte Medizin in der ärztlichen Praxis

Die personalisierte Medizin findet heute vor allem in der Onkologie Anwendung, aber auch in anderen Bereichen wie der Kardiologie, Neurologie und Immunologie. Besonders bei schweren und chronischen Erkrankungen, deren Behandlung komplex ist, bietet die personalisierte Medizin neue Hoffnung und verbesserte Behandlungsmöglichkeiten.

- **Onkologie**: Die Tumortypisierung auf genetischer Basis ist ein Meilenstein in der Krebsforschung. Durch die molekulare Analyse von Tumorgewebe können spezifische Mutationen erkannt und gezielt mit entsprechenden Medikamenten therapiert werden. Dies erhöht die Erfolgsaussichten und reduziert die Nebenwirkungen der Therapie.
- **Kardiologie**: Genetische Tests können Risikofaktoren für Herz-Kreislauf-Erkrankungen identifizieren, sodass präventive Maßnahmen und medikamentöse Behandlungen individuell angepasst werden können. Die personalisierte Medizin hilft hier, Medikamente zu wählen, die optimal auf die genetische Ausstattung des Patienten abgestimmt sind.

- **Psychiatrie**: Die Psychiatrie profitiert ebenfalls von Ansätzen der personalisierten Medizin, etwa bei der Wahl von Medikamenten gegen Depressionen und Angststörungen. Da viele Medikamente bei verschiedenen Patienten unterschiedlich wirken, kann die Berücksichtigung genetischer Marker helfen, die individuell geeignetste Medikation zu finden.
- **Autoimmun- und Entzündungskrankheiten**: Patienten mit Autoimmunerkrankungen wie Rheuma oder Morbus Crohn sprechen oft unterschiedlich auf Therapien an. Die personalisierte Medizin ermöglicht eine präzisere Auswahl und Anpassung von Medikamenten und trägt so dazu bei, die Lebensqualität der Patienten zu verbessern.
- **Infektiologie**: Bei der Behandlung von Infektionen ist die Kenntnis des ursächlichen Erregers (z. B. Viren oder Bakterien) von maßgeblicher Bedeutung. Je schneller man den Erreger identifiziert und bekämpft, desto geringer ist das Risiko schwerwiegender Folgen. Genetische Tests ermöglichen eine schnelle Identifikation des verantwortlichen Keims und eine zielsichere Auswahl des geeignetsten Medikaments.

Die personalisierte Medizin ermöglicht nicht nur eine gezielte Behandlung von Krankheiten, sondern auch eine präzisere Prävention. Im Rahmen von Präventionsprogrammen wird zunehmend auf diagnostische Tests zur Früherkennung von Risikofaktoren für chronische Erkrankungen zurückgegriffen. Hierzu zählen sogenannte Self-Sampling-Verfahren, auch bekannt als „Heimtests“ oder „@Home Diagnostics“, die die Inanspruchnahme von Vorsorge- und Präventionsangeboten immer einfacher machen. Ein mittlerweile bekanntes Beispiel sind Darmkrebs-Screenings. Diese basieren auf einer Stuhlprobe, die Patienten zu Hause selbst entnehmen können. Die Niederlande zählen mit Teilnehmerraten jenseits der 70 %-Marke in der Zielgruppe zu den erfolgreichsten Ländern im internationalen Vergleich. Dies hängt mit dem dort sehr unkomplizierten Verfahren zusammen: Zum 50. Geburtstag erhalten alle Niederländer ein laienverständliches Schreiben, das bereits den Stuhltest enthält. Die Stuhlprobe kann zu Hause selbst entnommen und per Direktversand ans Labor übermittelt werden. Bei positivem Stuhltest erhalten Patienten ein Terminangebot für weiterführende Maßnahmen.

Quantified Self & Digital Twins

Das Konzept des Quantified Self (zu Deutsch: des in Zahlen dargestellten Ichs) ist ein Sub-Trend der personalisierten Medizin, der eine immer größere Rolle in der Gesundheitsversorgung spielt. Durch die kontinuierliche Erfassung von Gesundheitsdaten mithilfe von Wearables, Smartwatches und Sensoren können Patienten und Ärzte wertvolle Einblicke in persönliche Verhaltensweisen und körperliche Prozesse gewinnen. Dies ermöglicht eine frühzeitige Erkennung individueller Krankheitsrisiken sowie eine personalisierte Behandlung.

Ein bedeutender Vorteil liegt in der kontinuierlichen Überwachung wichtiger Gesundheitsparameter wie Herzfrequenz, Blutzuckerspiegel, Schlafqualität und Aktivitätsniveau. Besonders für chronisch Kranke, etwa Menschen mit Diabetes oder Bluthochdruck, können solche Technologien eine entscheidende Hilfe sein. Anstatt sich nur auf sporadische Arztbesuche zu verlassen, erhalten Patienten eine detaillierte Langzeitübersicht ihrer Werte. Dies kann zu einer besseren Therapietreue und individuell abgestimmten Behandlungsstrategien führen. Die Ressource „Arzt" kann effizienter eingesetzt werden, da ärztliche Interventionen nach tatsächlichem Bedarf gesteuert respektive priorisiert werden können. Beispielsweise können Ärzte gezielt dann einschreiten, wenn sich im kontinuierlichen Monitoring Auffälligkeiten zeigen, während unauffällige Patienten ihre Zeit nicht „aus Prinzip" im ärztlichen Wartezimmer absitzen müssen. Nichtsdestotrotz ist die Einbettung in einen ärztlichen Versorgungskontext wichtig. Ansonsten kann die Gefahr der Selbstdiagnose durch Laien problematisch sein. Nicht jede Schwankung in den Messwerten ist medizinisch relevant, aber sie könnte zu unnötiger Besorgnis oder Fehlinterpretationen führen.

Auch in der Prävention eröffnet Quantified Self neue Möglichkeiten. Gesundheits-Apps erinnern an Bewegungspausen, geben Ernährungstipps oder analysieren den Stresspegel. Dadurch können Risikofaktoren frühzeitig erkannt und gegengesteuert werden. Gleichzeitig ermöglicht die große Menge an gesammelten Daten eine genauere medizinische Forschung, indem Trends und Zusammenhänge sichtbar werden, die vorher schwer messbar waren.

Hiermit verwandt ist das Konzept der digitalen Zwillinge. Auf Basis patientenindividueller Daten – z. B. aus Gentests, sensorischen Messungen, Patientenberichten oder der Behandlungsdokumentation – werden virtuelle Abbilder der jeweiligen Patienten erstellt. Sie ermöglichen Simulationen und Vorhersagen über Krankheitsverläufe, Therapieerfolge und Nebenwirkungen, indem sie reale Patientendaten mit künstlicher Intelligenz bzw. maschinellem Lernen verknüpfen. Dies erlaubt maßgeschneiderte Behandlungsstrategien, eine frühzeitige Risikoidentifizierung und fundiertere medizinische Entscheidungen.

Ein aussichtsreicher Markt

Der Markt für Biomarker-Tests, molekulare Diagnostik und Quantified Self-Technologien wächst rasant. Immer mehr Labore und Technologieunternehmen bieten genetische Sequenzierung und andere Verfahren an, die eine wichtige Grundlage für die personalisierte Medizin bilden. Der steigende Bedarf an entsprechenden Diagnostiklösungen bietet hohes Potenzial für Umsatzwachstum und wird durch die zunehmende Akzeptanz und Erstattungsfähigkeit im Gesundheitssystem weiter verstärkt.

Pharmaunternehmen investieren verstärkt in die Entwicklung gezielter Therapien, die auf spezifische Biomarker oder genetische Profile von Patienten zugeschnitten sind. Diese Entwicklung ermöglicht neue Geschäftsfelder und eröffnet die Möglichkeit, Medikamente mit höheren Erfolgsquoten und weniger Nebenwirkungen auf den Markt zu bringen.

Nichtsdestotrotz ist auch die personalisierte Medizin nicht vor Herausforderungen gefeit. Sie erfordert eine enge Zusammenarbeit zwischen verschiedenen Akteuren, insbesondere zwischen Pharmaunternehmen, Biotech-Firmen und Technologieunternehmen, die Lösungen zur Analyse und Verwaltung der entstehenden Datenmengen bieten. Die Nachfrage nach sicheren, interoperablen und skalierbaren Datenlösungen wächst kontinuierlich, sodass Unternehmen, die effiziente Health-IT-Infrastrukturen anbieten, in diesem Bereich große Potenziale haben. Derzeit existieren jedoch in vielen Gesundheitssystemen keine standardisierten Verfahren und auch keine interoperablen IT-Infrastrukturen, die den effizienten Austausch dieser Daten ermöglichen. Weiterhin ist der Schutz dieser sensiblen Daten insofern von Bedeutung, als Datenschutzverletzungen zu schwerwiegenden Konsequenzen führen können. Investoren sollten sich der rechtlichen und ethischen Herausforderungen bewusst sein, die mit dem Umgang und der Speicherung genetischer Informationen verbunden sind. Regulierungen wie die DSGVO in Europa und HIPAA in den USA setzen strenge Standards, deren Einhaltung für Unternehmen in diesem Sektor essenziell ist.

Genetische Tests und personalisierte Therapien können zudem sehr kostspielig sein. Die Entwicklung ist oft komplex und erfordert zeit- und kostenintensive klinische Studien, insbesondere wenn es um seltene genetische Marker oder Erkrankungen geht. Die Markteinführung solcher Therapien kann sich verzögern, wenn die regulatorischen Anforderungen nicht erfüllt werden (z. B. aufgrund zu geringer Fallzahlen in klinischen Studien) oder die Behandlung nicht die erwartete Wirksamkeit zeigt. Darüber hinaus steht die flächendeckende Integration in das Gesundheitssystem oft vor finanziellen Hürden. Wenn Forschungs- und Entwicklungskosten von der Industrie im Zuge der personalisierten Medizin auf immer speziellere respektive kleinere Patientengruppen umgelegt werden, führt das zu wachsenden Pro-Kopf-Preisen. So zeigt der aktuelle AMNOG-Report der DAK-Gesundheit, dass die durchschnittlichen Jahrestherapiekosten von Arznei-Neuheiten in den letzten zehn Jahren jeweils weit über 100.000 Euro bei Markteinführung in Deutschland lagen – mit steigender Tendenz. Dies kann die Verbreitung personalisierter Medizin verlangsamen, wenn Gesundheitssysteme die Kosten für diese fortschrittlichen Tests und Therapien nicht mehr decken können.

FAZIT UND VERTIEFUNG

Die personalisierte Medizin ist ein wachsender und zukunftsweisender Bereich des Gesundheitswesens, der die Art und Weise, wie Krankheiten diagnostiziert und behandelt werden, grundlegend verändert. Durch die Integration von Genomik, Biomarkern und KI ermöglicht die personalisierte Medizin eine zielgerichtete Therapie, die die Behandlungsqualität für Patienten deutlich verbessern kann. Die steigende Nachfrage nach genetischen Tests, die Entwicklung gezielter Medikamente und die zunehmende Bedeutung von Prävention bieten attraktive Geschäftsfelder. Gleichzeitig gilt es, Herausforderungen wie Datenschutz, hohe Entwicklungskosten und regulatorische Anforderungen zu bewältigen.

Studie zum Darmkrebs-Screening in den Niederlanden:

AMNOG-Report 2024 für Einblicke in die Ausgabendynamik bei Arzneimitteln in Deutschland:

Mental Health

In den vergangenen Jahrzehnten hat sich das Bewusstsein für psychische Gesundheit von einem Randthema zu einem zentralen Gegenstand gesellschaftlicher Diskussionen entwickelt. Längst ist Mental Health nicht mehr lediglich eine Angelegenheit für Fachleute oder Betroffene, sondern ein Thema, das Politik, Wirtschaft und Kultur gleichermaßen beeinflusst.

Die Gesellschaft in der Krise

Unsere heutige Welt ist geprägt von dynamischen Veränderungen im Berufs- wie im Privatleben. Zudem dauert es im Informationszeitalter nie lange, bis die multiplen Krisen dieser Welt sich ihren Weg in unsere Köpfe bahnen. Diese Faktoren haben dazu beigetragen, dass psychische Belastungen wie Stress, Angststörungen und Depressionen immer häufiger auftreten. Studien zeigen, dass jeder vierte Erwachsene weltweit im Laufe seines Lebens von psychischen Problemen betroffen ist. Gleichzeitig sind die Folgen für Gesellschaft und Wirtschaft erheblich: Krankheitsbedingte Arbeitsausfälle, Produktivitätsverluste und psychotherapeutische Versorgung kosten Unternehmen und Volkswirtschaften Milliarden.

Dieser Druck hat dazu geführt, dass Mental Health immer mehr Aufmerksamkeit erhält. Initiativen zur Entstigmatisierung psychischer Erkrankungen und Kampagnen zur Sensibilisierung in Schulen, Unternehmen und sozialen Medien haben dazu beigetragen, das Thema in den Fokus der öffentlichen Wahrnehmung zu rücken. Besonders jüngere Generationen, die sogenannten Millennials und die Generation Z, legen großen Wert auf mentale Gesundheit. Für sie ist es selbstverständlich, offen über Therapieangebote, Self-Care-Routinen oder mentale Belastungen zu sprechen.

Vorübergehendes Phänomen oder nachhaltiger Trend?

Die zunehmende gesellschaftliche Relevanz von Mental Health legt nahe, dass es sich nicht nur um einen vorübergehenden Trend handelt. Vielmehr scheint die Entwicklung Ausdruck eines strukturellen Wandels zu sein. Es gibt mehrere Gründe für diese Einschätzung:

1. **Langfristige demografische und gesellschaftliche Veränderungen**: Die Alterung der Gesellschaft und die Zunahme chronischer Erkrankungen gehen oft mit psychischen Belastungen einher. Zudem führt die Digitalisierung zu einer stärkeren Verwischung der Grenzen zwischen Arbeit und Freizeit, was Burnout und Stress begünstigt.

2. **Politische Initiativen**: Viele Länder und auch Unternehmen investieren verstärkt in die psychische Gesundheitsversorgung, um den steigenden Bedarf zu decken. Programme wie betriebliches Gesundheitsmanagement oder staatlich geförderte Therapieangebote untermauern die langfristige Bedeutung des Themas.
3. **Technologische Innovationen**: Die Digitalisierung bietet neue Lösungen zur Unterstützung der mentalen Gesundheit. Apps, die Meditation oder kognitive Verhaltenstherapie anbieten, sind beliebter denn je. Diese Entwicklungen deuten darauf hin, dass sich Mental Health auch im virtuellen Raum verankert.

Der Markt für Produkte und Dienstleistungen aus dem Bereich der psychischen Gesundheit ist in den letzten Jahren rasant gewachsen. Plattformen und Apps wie BetterHelp in den USA oder Selfapy in Deutschland haben gezeigt, wie digitale Technologien die Versorgung mit mentalen Gesundheitsdiensten revolutionieren können. Unternehmen, die auf betriebliche Gesundheitsprogramme spezialisiert sind, profitieren von der zunehmenden Nachfrage nach Dienstleistungen zur Prävention von Burnout und zur Unterstützung von Mitarbeitenden. Produkte zur Förderung des mentalen Wohlbefindens, wie Retreat-Urlaube oder Achtsamkeitsprogramme, erleben einen Boom. Auch Pharmazeutische Unternehmen entwickeln immer neue Medikamente und Therapieansätze für psychische Erkrankungen. Besonders im Bereich von Psychedelika herrscht derzeit viel Dynamik.

Psychedelika – Hoffnungsträger in der Behandlung psychischer Erkrankungen

Der Einsatz von Psychedelika zur Behandlung psychischer Erkrankungen erlebt derzeit weltweit einen bedeutenden Aufschwung. Substanzen wie Psilocybin, MDMA, LSD und Ayahuasca zeigen in aktuellen Studien starke Effekte bei der Behandlung von Depressionen, Angststörungen, PTSD und Suchterkrankungen – oft mit anhaltender Wirkung nach nur wenigen Therapiesitzungen. Meta-Analysen bestätigen eine hohe Wirksamkeit insbesondere von Psilocybin und Ayahuasca, wobei Nebenwirkungen meist mild und vorübergehend sind. Esketamin ist in mehreren Ländern wie Deutschland bereits zugelassen und etabliert, während andere Substanzen zunehmend in klinischen Studien getestet oder über Ausnahmegenehmigungen verabreicht werden – etwa in der Schweiz, Australien und Teilen Nordamerikas.

Parallel zur Forschung wächst auch die gesellschaftliche und politische Akzeptanz: In Europa ist etwa mit der Bürgerinitiative „PsychedeliCare" eine Bewegung zur Integration psychedelischer Therapie in nationale Gesundheitssysteme entstanden. Gleichzeitig entwickeln Pharmaunternehmen gezielt neue, optimierte Varianten dieser Substanzen. Trotz aller Fortschritte bestehen weiterhin Herausforderungen – etwa in Bezug auf Langzeitsicherheit, medizinische Ausbildung, rechtliche Rahmenbedingungen und Kosten. Insgesamt aber deuten die aktuellen Entwicklungen darauf hin, dass Psychedelika in den kommenden Jahren zunehmend als regulärer Bestandteil der Psychotherapie etabliert werden könnten.

FAZIT UND VERTIEFUNG

Bedingt durch politische und technologische Entwicklungen, unterliegen Gesellschaften einem dynamischeren Wandel denn je. Das bringt nicht nur Fortschritt – die damit verbundenen Unsicherheiten belasten oft auch die menschliche Psyche. Damit ist Mental Health weit mehr als ein kurzlebiger Trend. Sie spiegelt den tiefgreifenden Wandel wider, wie Gesellschaften und Individuen auf psychische Belastungen reagieren und ihr mentales Wohlbefinden fördern.

Wissenschaftliche Übersichtsarbeit zur Wirksamkeit und Sicherheit von Psychedelika bei der Behandlung psychischer Störungen:

Investor Christian Angermayer über Potenziale von Psychedelika in der Psychotherapie im Beyond Business Cast:

Longevity

Die Idee, das menschliche Leben zu verlängern, fasziniert die Menschheit seit Jahrhunderten. Mythen wie der Jungbrunnen oder der Stein der Weisen sind kulturelle Zeugen dieses Wunsches. Doch mit den Fortschritten in Wissenschaft und Technologie rückt Langlebigkeit (Longevity) zunehmend in den Bereich des Möglichen. Dabei geht es nicht nur darum, die Lebenszeit zu verlängern, sondern vor allem die Lebensqualität in späteren Jahren zu erhalten.

Die Suche nach dem Schlüssel zur Langlebigkeit

Longevity ist ein interdisziplinäres Forschungsfeld, das sich mit den biologischen, medizinischen und sozialen Faktoren des Alterns befasst. Im Zentrum steht die Frage: Warum altern wir? Studien haben gezeigt, dass das Altern auf eine Kombination aus genetischen, epigenetischen und umweltbedingten Faktoren zurückzuführen ist. Zelluläre Prozesse wie DNA-Schäden, mitochondriale Dysfunktion und chronische Entzündungen spielen dabei eine Schlüsselrolle.

Moderne Ansätze zur Verlängerung der Lebensspanne umfassen:

1. **Genetik und Epigenetik**: Durch Technologien wie die CRISPR/Cas-Methode, auch bekannt als „Gen-Schere“, und epigenetische Reprogrammierung können Gene gezielt bearbeitet werden, um Krankheiten im Alter zu verhindern.
2. **Senolytische Therapien**: Diese zielen darauf ab, gealterte Zellen, die nicht mehr funktional sind und entzündungsfördernde Stoffe freisetzen, zu eliminieren.
3. **Regenerative Medizin**: Stammzellen und Gewebetechnologien könnten geschädigte Organe und Gewebe ersetzen.
4. **Lifestyle-Interventionen**: Ernährung, Bewegung und Kalorienrestriktion sind bewährte Maßnahmen, um den Alterungsprozess zu verlangsamen.

Mit einer wachsenden Weltbevölkerung und einer alternden Gesellschaft steigt der Bedarf an innovativen Lösungen für ein gesundes Altern. Bereits heute fließen Milliarden in die Forschung und Entwicklung von Longevity-Technologien.

In Langlebigkeit investieren

Der Longevity-Sektor bietet eine Vielzahl von Investitionsmöglichkeiten:

1. **Biotechnologie**: Unternehmen, die an senolytischen Therapien, genetischen Modifikationen oder regenerativen Technologien arbeiten, könnten bahnbrechende Lösungen liefern.
2. **Digital Health**: Apps und Plattformen zur Überwachung von Gesundheit, Stress und Schlaf gewinnen an Bedeutung. Wearables und KI-gestützte Diagnosen könnten den Markt weiter revolutionieren.
3. **Präzisionsmedizin**: Personalisierte Ansätze, die auf individuelle genetische Profile abgestimmt sind, versprechen großes Wachstum.
4. **Ernährung und Nahrungsergänzungsmittel**: Die Nachfrage nach speziellen Diäten und Nahrungsergänzungen zur Verlängerung der Lebensspanne steigt kontinuierlich.

Trotz der vielversprechenden Aussichten birgt der Longevity-Markt auch Risiken. Viele Technologien befinden sich noch in der Entwicklungsphase und sind stark von regulatorischen Genehmigungen abhängig. Zudem besteht die Gefahr, dass einige Ansätze die hohen Erwartungen nicht erfüllen.

Weiterhin hat die Verlängerung der Lebensspanne weitreichende gesellschaftliche Implikationen. Einerseits könnte eine ältere, aber gesündere Bevölkerung den Arbeitsmarkt entlasten und das Wirtschaftswachstum fördern. Andererseits stellt die Finanzierung eines längeren Lebens Herausforderungen an Rentensysteme und das Gesundheitswesen. Es ist daher entscheidend, dass die Forschung nicht nur auf die individuelle Langlebigkeit abzielt, sondern auch gesellschaftliche und ethische Fragen berücksichtigt.

FAZIT UND VERTIEFUNG

Die Zukunft der Langlebigkeit ist aufregend und voller Potenzial. Es zeichnet sich ab, dass die Fortschritte in der Longevity-Wissenschaft nicht nur das Leben verlängern, sondern auch eine ganz neue Branche entstehen lassen. Am Ende ist Langlebigkeit mehr als nur ein wissenschaftliches oder finanzielles Ziel – sie ist ein Ausdruck des menschlichen Strebens nach einem besseren Leben. Mit der richtigen Mischung aus Technologie, Ethik und gesellschaftlichem Engagement könnte der Traum von einem langen, gesunden und erfüllten Leben vielleicht irgendwann für alle Realität werden.

Wer sich vertiefend mit dem Thema beschäftigen möchte, dem sei die Netflix-Dokumentation „Don't Die: Der Mann, der unsterblich sein will“ empfohlen. Sie handelt vom Multimillionär Bryan Johnson, der seinen Körper und sein Vermögen einsetzt, um dem Altern zu trotzen und sein Leben zu verlängern.

In seinem Innovation Pulse Podcast spricht Frank Thelen mit Dr. Jan K. Hennigs, dem medizinischen und wissenschaftlichen Leiter von YEARS, der ersten Longevity-Klinik in Berlin, die ein umfassendes Spektrum evidenzbasierter Präventivmedizin anbietet:

4 Besonderheiten beim Investieren im Gesundheitswesen

Als der junge Analyst zum ersten Mal das Geschäftsmodell eines kleinen Biotech-Unternehmens untersuchte, war er irritiert: Keine nennenswerten Umsätze, sondern nur hohe Verluste – und dennoch eine Marktkapitalisierung in dreistelliger Millionenhöhe. Auf seinem Schreibtisch lag ein umfassender Bericht zu einem neuen Wirkstoff im Kampf gegen Krebs. Die entscheidende Phase-III-Studie stand kurz bevor. „Ein Münzwurf mit Milliardenpotenzial", hatte ihm der zuständige Portfoliomanager nüchtern erklärt.

Willkommen im Gesundheitswesen – einem der faszinierendsten, aber auch ungewöhnlichsten Märkte für Investoren. Hier entscheiden nicht nur Angebot und Nachfrage über Erfolg oder Misserfolg, sondern auch Studienergebnisse, Patente, Zulassungsbehörden und ethische Debatten. Innovationen können über Nacht neue Märkte erschließen, während Rückschläge ganze Geschäftsmodelle in sich zusammenfallen lassen. Gleichzeitig existieren in kaum einem anderen Sektor so beständige Burggräben: Unternehmen, die durch regulatorische Expertise, geistiges Eigentum oder Netzwerke im Versorgungssystem ein beinahe uneinnehmbares Terrain aufgebaut haben. Doch auch diese Festungen bieten keinen uneingeschränkten Schutz gegen Kursturbulenzen. Wer im Gesundheitswesen investiert, braucht nicht nur einen klaren Blick für Zahlen, sondern ein tiefes Verständnis der speziellen Marktmechanismen, die oft anders funktionieren als gewohnt – dann werden auch Investments in kleine Biotech-Unternehmen vom Münzwurf zur reflektierten Anlageentscheidung mit fundierter Chance-Risiko-Abwägung.

Marktentwicklung: No-Brainer oder Glaskugel?

Die Gesundheitswirtschaft ist seit Jahrzehnten eine Schlüsselbranche mit einem hohen gesellschaftlichen und wirtschaftlichen Einfluss. Für Investoren stellt sich die Frage: Ist dieser Markt ein sicheres Terrain oder gleicht der Erfolg hier einem Blick in die Glaskugel? Hierzu widmen wir uns der Prognostizierbarkeit von Markterfolgen in der Gesundheitswirtschaft. Danach kannst du besser einordnen, ob Healthcare-Investments in der langfristigen Perspektive eher als Rendite-Garant oder spekulatives Glücksspiel zu bewerten sind – kurzfristige Marktbewegungen sind, wie auch in anderen Märkten, natürlich kaum vorhersehbar.

Stabile Rahmenbedingungen

Die Gesundheitswirtschaft ist von fundamentalen, schwer veränderbaren Faktoren geprägt, was die Prognostizierbarkeit für Investoren erhöht. Dazu zählen:

- **Demografischer Wandel**: Alternde Bevölkerungen in Industrienationen führen zu einer stetig wachsenden Nachfrage nach Gesundheitsleistungen. Die absehbar weiter zunehmende Verbreitung altersassoziierter Erkrankungen, wie Krebs, Diabetes, Herz-Kreislauf-Beschwerden oder Demenz, machen den Markt berechenbar.
- **Regulierter Markt**: Staatliche Regulierungen und soziale Sicherungssysteme schaffen vergleichsweise stabile Rahmenbedingungen, jedoch auch Markteintrittsbarrieren. Dies bietet etablierten Akteuren Wettbewerbsvorteile, sichert aber auch neu hinzukommende Wettbewerber ab, die den Markteintritt erfolgreich bewältigen.
- **Technologischer Fortschritt**: Innovationen in der Biotechnologie, Medizintechnik und Digitalisierung treiben die Entwicklung voran und schaffen immer wieder neue Geschäftsmodelle. Künstliche Intelligenz wirkt in diesem Zusammenhang als zusätzlicher Booster.

- **Krisenresistenz**: Die Gesundheitswirtschaft hat sich während der COVID-19-Pandemie und auch während anderer globaler Krisen als vergleichsweise stabil gezeigt. Der Bedarf an Gesundheitsleistungen bleibt unabhängig von Konjunkturzyklen bestehen. Wer an einer chronischen Erkrankung leidet, wird in Krisenzeiten nicht plötzlich gesund.

Einige Aspekte der Gesundheitswirtschaft lassen den Markt also als sichere Investitionsmöglichkeit erscheinen. Diese beruhen vor allem auf systemischen Bedürfnissen und langfristigen Megatrends (eine ausführliche Beschreibung der relevantesten Megatrends findet sich in Kapitel 3). Auch der technologische Fortschritt in der Biotechnologie, Medizintechnik und Digital Health bieten absehbare Wachstumschancen. In solchen Bereichen ist das Marktpotenzial durch Forschungsergebnisse im Rahmen der evidenzbasierten Medizin häufig gut abschätzbar.

Typische Marktunsicherheiten

Trotz der stabilen Nachfrage und absehbaren Wachstumschancen gibt es Unsicherheiten, die den Erfolg neuer Geschäftsmodelle schwer prognostizierbar machen. Diese beruhen vor allem auf regulatorischen, technologischen und marktwirtschaftlichen Faktoren.

Die Gesundheitswirtschaft ist hochgradig reguliert. Produkte müssen komplexe Zulassungsverfahren durchlaufen, wie beispielsweise die der FDA (USA) oder der EMA (Europa). Insbesondere Start-ups scheitern nicht selten an diesen Hürden und selbst vielversprechende Technologien können durch regulatorische Verzögerungen ihren Wettbewerbsvorteil verlieren. Auch Preisregulierungen können die Rentabilität von Geschäftsmodellen stark beeinflussen. Ein Beispiel hierfür sind die regulierten Arzneimittelpreise in Deutschland, die die Margen von Pharmaunternehmen begrenzen. Ein weiteres prominentes Beispiel dafür, wie staatliche Eingriffe zu Marktunsicherheiten führen, findet sich in den USA – dem weltweit wichtigsten Markt für Unternehmen aus der Gesundheitsbranche. Die Trump-Administration und deren Department of Government Efficiency (DOGE) – das bis Mai 2025 de facto unter der Leitung Elon Musks stand – stoßen seit Anfang 2025 weitreichende politische Umbaumaßnahmen an. Im Fokus steht unter anderem das Behördensystem, zu dem auch die FDA zählt. Massenentlassungen stehen im Raum, was die Zulassung neuer Medikamente und Medizinprodukte vorübergehend verzögern kann. Zudem wurden staatliche Förderungen für diverse Forschungsprojekte pausiert oder sogar eingestellt. Davon sind auch Projekte der medizinischen Forschung betroffen. Hinzu kommt die Ernennung von Robert F. Kennedy Jr. zum US-Gesundheitsminister, der in der Vergangenheit bereits mit kontroversen Ansichten zu Gesundheitsthemen, etwa zu Impfungen oder der COVID-19-Pandemie, aufgefallen war. Inwieweit sich dies auf Geschäftsmodelle im US-Gesundheitswesen auswirkt, ist unklar. Für Investoren birgt die Personalie aber in jedem Fall zusätzliche Risiken, da Zulassungs- und Preisfindungsprozesse im Gesundheitswesen sehr abhängig von politischen Entscheidungen sind.

Die Entwicklung innovativer Gesundheitslösungen dauert lange, ist kostenintensiv und risikoreich. Unternehmen investieren Milliarden in die Forschung und Entwicklung, ohne eine Erfolgsgarantie. Etwa 90 % der Wirkstoffkandidaten scheitern im wissenschaftlichen Prüfprozess und die verbleibenden 10 % benötigen oft Jahre bis zur Marktzulassung. Hinzu kommt, dass der technologische Fortschritt manchmal disruptiv ist. Neue Technologien können bestehende Geschäftsmodelle überholen, was selbst für etablierte Unternehmen Risiken birgt. Beispiele sind der rapide Aufstieg der mRNA-Technologie im Zuge der COVID-19-Pandemie, der herkömmliche Impfstoffe vor Herausforderungen stellt oder der Markterfolg der „Abnehmspritze" der Novo Nordisk A/S (WKN: A3EU6F; ISIN: DK0062498333), der die Kurse einiger etablierter Unternehmen gedrückt hat, die Gesundheitsleistungen für Übergewichtige anbieten.

Darüber hinaus ist die Gesundheitswirtschaft stark fragmentiert (hausärztliche Versorgung, fachärztliche Versorgung, physiotherapeutische Versorgung, Krankenhausversorgung, etc.) und weitgehend national organisiert. Obwohl viele Unternehmen innovative Ansätze entwickeln, schaffen es nur wenige, ihre Produkte erfolgreich über verschiedene Bereiche der Gesundheitsversorgung und verschiedene Länder hinweg zu skalieren.

FAZIT

Investitionen in der Gesundheitswirtschaft sind weder ein reiner „No-Brainer" noch gleichen sie ausschließlich einem Blick in die Glaskugel. Vielmehr hängt die Attraktivität von Investments davon ab, in welchen Sektoren und Geschäftsmodellen investiert wird.

- **Langfristige Investitionen in etablierte Unternehmen**: Diese bieten in der Regel konstante Renditen (nicht nur durch Kursgewinne, sondern auch durch Dividendenzahlungen), insbesondere im Pharmasektor und der Medizintechnik. Hier ist der Markt durch Nachfragewachstum und hohe Eintrittsbarrieren relativ stabil.
- **Risikokapital für Start-ups und potenzielle Disruptoren**: Investitionen in innovative Ansätze, beispielsweise im Digital Health-Bereich oder in der Biotechnologie, können hohe Renditen bringen, sind jedoch mit signifikanten Risiken verbunden.

Die Gesundheitswirtschaft vereint Eigenschaften eines stabilen, wachstumsorientierten Marktes mit den Herausforderungen eines hochregulierten und technologisch komplexen Sektors. Für Investoren ist die Gesundheitswirtschaft eine attraktive, jedoch nicht risikofreie Option. Eine fundierte Analyse der Trends, Technologien und Marktbedingungen sowie eine Diversifizierung der Investments sind der Schlüssel, um Risiken zu minimieren, ohne dabei auf vielversprechende Chancen zu verzichten. Langfristig bleibt die Gesundheitswirtschaft ein unverzichtbarer Bestandteil der globalen Wirtschaft, der bei kluger Strategie sowohl Stabilität als auch Rendite bieten kann.

Kursvolatilität: Stabilität oder Achterbahn?

Die Gesundheitswirtschaft gilt oft als defensiver Sektor, der Investoren Stabilität und langfristiges Wachstum bietet. Gleichzeitig zeigt ein genauerer Blick auf die Kursentwicklung börsennotierter Healthcare-Unternehmen, dass die Branche alles andere als homogen ist. Während einige Unternehmen mit stabilen Cashflows und einer konstanten Kursentwicklung punkten, gleicht der Kursverlauf anderer einem wilden Ritt. Mit welcher Kursvolatilität muss man im Gesundheitssektor rechnen? Wie verhalten sich die unterschiedlichen Sub-Sektoren? Durch welche Faktoren werden die Kursbewegungen beeinflusst? Diesen Fragen gehen wir im Folgenden nach.

Mit etablierten Unternehmen auf Kaffeefahrt

Die Gesundheitswirtschaft umfasst eine Vielzahl an Unternehmen, die in unterschiedlichen Bereichen tätig sind, wie Pharmazeutika, Biotechnologie, Medizintechnik, Pflege und Digital Health. Diese Vielfalt führt zu einer breiten Spannweite von Kursentwicklungen, die von stabil bis extrem volatil reichen. Die Faktoren, die die Kursentwicklung maßgeblich beeinflussen, umfassen:

- **Regulatorische Entscheidungen**: Zulassungen oder Ablehnungen neuer Medikamente durch Behörden wie die FDA oder EMA können erhebliche Kursbewegungen auslösen.
- **Technologische Innovationen**: Durchbrüche in der Biotechnologie oder Medizintechnik können zu steilen Kursanstiegen führen, während Rückschläge in der Forschung oft drastische Verluste verursachen.
- **Makroökonomische Faktoren**: Zinsänderungen, Konjunkturschwankungen und geopolitische Ereignisse beeinflussen die Kapitalflüsse und damit die Aktienkurse – auch im Gesundheitswesen.
- **Krisen und Pandemien**: Gesundheitskrisen, wie die COVID-19-Pandemie, können sowohl stabile als auch volatile Phasen auslösen.

Ein Teil der Gesundheitswirtschaft wird traditionell als stabil angesehen, insbesondere etablierte Unternehmen mit bewährten Geschäftsmodellen. Dazu gehören große Pharmaunternehmen wie Johnson & Johnson (WKN: 853260; ISIN: US4781601046), Pfizer (WKN: 852009; ISIN: US7170811035) oder Novartis (WKN: 904278; ISIN: CH0012005267), die sich durch stabile Einnahmen und Cashflows auszeichnen, die auf patentgeschützten Medikamenten und umfangreichen Produktportfolios beruhen. Solche Unternehmen profitieren von:

- **Konstanter Nachfrage**: Viele Produkte, insbesondere Medikamente gegen chronische Krankheiten, sind unabhängig von Konjunkturzyklen gefragt.
- **Diversifikation**: Große Unternehmen verfügen über ein breites Produktportfolio und mehrere Einkommensquellen, was das Risiko einzelner Rückschläge minimiert.
- **Dividendenpolitik**: Etablierte Pharma- und Medizintechnikunternehmen zahlen häufig hohe Dividenden, was ihre Attraktivität für konservative Anleger erhöht.

Die Kursentwicklung solcher Unternehmen ist in der Regel moderat, mit geringer Volatilität. Beispielsweise zeigen langfristige Charts von Johnson & Johnson eine stetige Aufwärtsbewegung mit nur wenigen kurzfristigen Ausschlägen.

WKN UND ISIN

Jedes Wertpapier, das an der Börse gehandelt wird, braucht zur eindeutigen Identifizierung eine Nummer. Die seit 1955 etablierte deutsche Wertpapierkennnummer (WKN) ist eine Kombination aus insgesamt sechs Buchstaben und Zahlen. Im Rahmen der internationalen Harmonisierung der Finanzmärkte wird sie durch eine internationale Kennziffer, die International Securities Identification Number (ISIN), ergänzt. Diese besteht aus einer zweistelligen Länderkennung gefolgt von einer zehnstelligen Zeichenkombination.

Alle börsennotierten Unternehmen, auf die in diesem Buch Bezug genommen wird, sind zur besseren Nachvollziehbarkeit mit der jeweiligen WKN und ISIN versehen.

Große Unternehmen im Versicherungssektor, wie die UnitedHealth Group (WKN: 869561; ISIN: US91324P1021), profitieren von stabilen Einnahmen durch Versicherungsmodelle. Auch hier zeigt sich oft ein Muster der Stabilität, da diese Unternehmen in einem regulierten und weniger zyklischen Markt agieren. Im konkreten UnitedHealth-Beispiel ist dieses Muster allerdings seit April 2025 im Zuge mehrere öffentlich gewordener Skandale gebrochen. Unter anderem zahlte eine Konzerntochter laut Medienberichten heimlich Boni an Pflegeheime, um kostenintensive Krankenhausüberweisungen zu vermeiden. Ein jüngerer Player im US-amerikanischen Krankenversicherungsbusiness ist Oscar Health (WKN: A2QQXK; ISIN: US6877931096). Das Unternehmen hat eine Full-Stack-Technologieplattform entwickelt, die ein besonders nutzerfreundliches Krankenversicherungserlebnis für Einzelpersonen, Familien und Arbeitgeber verspricht. Gegründet in 2012 versicherte Oscar Health im Jahr 2024 bereits 1,68 Millionen Menschen und erwirtschaftete einen Umsatz von 9,2 Milliarden US-Dollar. Dass eine prominente politische Frontlinie zwischen den Demokraten und den Republikanern um Donald Trump entlang des als „Obamacare“ bekannt gewordenen Patient Protection and Affordable Care Act (PPACA) verläuft, sorgt nichtsdestotrotz für Unsicherheit und macht den Kurs volatil.

Technologie und Innovation: Willkommen in der Achterbahn

Während etablierte Unternehmen Stabilität bieten, zeigt sich in innovativen und wachstums-orientierten Sub-Sektoren der Gesundheitswirtschaft eine deutlich höhere Volatilität. Der Biotechnologiesektor ist berüchtigt für seine Kursausschläge, da der Erfolg eines Unternehmens stark von wenigen Schlüsselprodukten abhängt. Typische Merkmale sind:

- **Abhängigkeit von Forschungsergebnissen**: Biotechnologieunternehmen wie Moderna (WKN: A2N9D9; ISIN: US60770K1079) oder BioNTech (WKN: A2PSR2; ISIN: US09075V1026) erleben oft dramatische Kursbewegungen, wenn klinische Studien positive oder negative Ergebnisse liefern.

- **Regulatorische Unsicherheiten**: Die Zulassung neuer Therapien durch Behörden ist ein entscheidender Faktor. Eine Ablehnung durch die FDA kann massive Kursverluste auslösen.
- **Risiken und Nebenwirkungen**: Risiken und Nebenwirkungen, die erst im Nachhinein bekannt werden, können selbst steile Aufwärtsbewegungen im Nu umdrehen.

Während Unternehmen, die einen Durchbruch erzielen, enorme Kursgewinne verzeichnen können, scheitern viele andere und sehen sich mit drastischen Kursverlusten konfrontiert. Beispielsweise stieg der Kurs von BioNTech (WKN: A2PSR2; ISIN: US09075V1026) während der COVID-19-Pandemie exponentiell an, als die mRNA-Technologie weltweit für die Impfstoffproduktion nachgefragt wurde. Allerdings gab es nach dem Höhepunkt der Pandemie deutliche Rücksetzer.

Digital Health, ein aufstrebender Bereich, zeigt ebenfalls eine hohe Volatilität. Telemedizinanbieter wie Teladoc Health (WKN: A14VPK; ISIN: US87918A1051) oder die europäischen Onlineapotheken DocMorris (WKN: A0Q6J0; ISIN: CH0042615283) und Redcare Pharmacy (WKN: A2AR94; ISIN: NL0012044747) profitierten während der Pandemie von einem Boom in der digitalen Gesundheitsversorgung, sahen jedoch massive Kursverluste, als die Nachfrage nach Gesundheitsangeboten im digitalen Raum wieder nachließ. Die hohe Abhängigkeit von technologischen sowie regulatorischen Entwicklungen und die Fragmentierung des Marktes machen diese Branche besonders anfällig für Schwankungen.

Zudem können steigende Zinsen und Inflationsängste den Kapitalfluss in risikoreiche Wachstumsunternehmen verringern, während stabile Unternehmen profitieren.

FAZIT
Die Kursverläufe in der Gesundheitswirtschaft sind in der Gesamtschau weder durchweg stabil noch von einem ständigen Auf und Ab geprägt. Stattdessen hängt die Kursentwicklung stark vom jeweiligen Sub-Sektor und den spezifischen Unternehmensmerkmalen ab. Etablierte Pharma- und Medizintechnikunternehmen bieten oft verlässliche Kursentwicklungen mit moderater Volatilität. Diese Unternehmen eignen sich für langfristige Anleger, die Stabilität und Dividenden schätzen. Biotechnologie und Digital Health zeichnen sich durch extreme Kursausschläge aus. Diese Sektoren sind für risikofreudige Anleger attraktiv, die bereit sind, kurzfristige Schwankungen in Kauf zu nehmen, um von potenziell hohen Gewinnen zu profitieren.

Für Investoren ist es entscheidend, die Volatilität eines Unternehmens im Kontext der individuellen Risikobereitschaft und Anlageziele zu bewerten. Eine diversifizierte Strategie, die stabile und wachstumsorientierte Werte kombiniert, kann helfen, Risiken auszugleichen und Chancen zu nutzen. Wer chancenreich investieren möchte, kann gezielt nach Wachstumsunternehmen suchen, deren Geschäftsmodelle nicht mit einzelnen Studienergebnissen stehen und fallen – beispielsweise digitale Plattformanbieter oder Zulieferer für Therapiebestandteile mit steigender Nachfrage, wie sie im fünften Kapitel vorgestellt werden. Zudem sollte immer auch die Exit-Strategie mitgedacht werden. Was hoch steigt, kann schnell auch wieder tief fallen.

Burggräben: etablierte Monopole oder intensiver Wettbewerb?

Während in einigen Bereichen des Gesundheitswesens ein intensiver Wettbewerb herrscht, haben andere Unternehmen aufgrund spezifischer Merkmale Wettbewerbsvorteile aufgebaut. Wettbewerbsvorteile, die langfristig bestehen und schwer nachzuahmen sind, werden im Investmentkontext als „Burggräben" bezeichnet. Wie nachhaltig solche Burggräben sind und wo ihre Ursprünge liegen, sehen wir uns nachfolgend genauer an.

Quellen von Burggräben im Gesundheitswesen

Ein Burggraben ermöglicht es Unternehmen, höhere Margen zu erzielen, Marktanteile zu sichern und sich gegen Wettbewerber zu behaupten. Diese Vorteile können im Gesundheitswesen durch verschiedene Faktoren entstehen:

- Patentschutz und geistiges Eigentum
- Regulatorische Hürden und Zulassungsverfahren
- Markenvertrauen und Reputation
- Netzwerkeffekte und Skalenvorteile
- Wechselkosten

Einer der stärksten Bausteine für Burggräben im Gesundheitswesen ist der **Patentschutz**. Pharmaunternehmen und Biotechnologieunternehmen entwickeln Medikamente und Therapien, die oft Jahre der Forschung und Milliarden von Dollar an Investitionen erfordern. Ein Patent bietet diesen Unternehmen Schutz vor Nachahmung und erlaubt ihnen, Monopolpreise für die Dauer des Patents zu setzen. Beispielsweise erzielten Pfizer (WKN: 852009; ISIN: US7170811035) und Moderna (WKN: A2N9D9; ISIN: US60770K1079) während der COVID-19-Pandemie enorme Gewinne durch patentgeschützte mRNA-Impfstoffe. AbbVie (WKN: A1J84E; ISIN: US00287Y1091) konnte mit dem Blockbuster-Medikament Humira jahrzehntelang hohe Umsätze generieren, bevor der Patentschutz auslief und Generika (das sind Nachahmerprodukte von Arzneimitteln, die ehemals patentgeschützt waren) auf den Markt kamen. Patente bieten allerdings nur einen zeitlich begrenzten Burggraben. Nach Ablauf des Patentschutzes steigt der Wettbewerb durch Generika oder Biosimilars (das sind Nachahmerprodukte von komplexen biotechnologisch hergestellten Arzneimitteln), was zu einem Rückgang der Margen führt.

Der Zugang zu Märkten im Gesundheitswesen ist durch hohe **regulatorische Anforderungen** stark eingeschränkt. Die Zulassung durch Behörden wie die FDA (USA) oder die EMA (Europa) erfordert umfangreiche klinische Studien, die wiederum Zeit und Kapital erfordern. Diese Hürden begünstigen etablierte Unternehmen mit ausreichenden Ressourcen, während kleinere oder neue Wettbewerber oft hieran scheitern. Beispielsweise haben Pharmariesen wie Roche (WKN: 855167; ISIN: CH0012032048) und Novartis (WKN: 904278; ISIN: CH0012005267) regulatorische Prozesse dauerhaft in ihren Betrieb integriert und sichern sich so Wettbewerbsvorteile. Start-ups und kleinere Unternehmen benötigen oft Unterstützung entsprechender Beratungsunternehmen oder Partnerschaften mit großen Akteuren, um derartige Hürden zu überwinden.

Im Gesundheitswesen spielt **Vertrauen** eine entscheidende Rolle, insbesondere bei Produkten, die Leben retten oder die Lebensqualität verbessern. Unternehmen mit einer starken Marke und nachweislicher Erfolgsbilanz genießen das Vertrauen von Patienten, Ärzten und Krankenhäusern. Beispielsweise ist ratiopharm (zugehörig zum Teva-Konzern; WKN: 883035; ISIN: US8816242098) die Top-Marke in der Kategorie Schmerzmittel, der Patienten vertrauen. Das ergab die „Most Trusted Brand Studie" aus dem Jahr 2024 zum Markenvertrauen in Deutschland. Die Mayo Clinic und andere renommierte Gesundheitseinrichtungen haben über die Jahre globale Markenreputation aufgebaut.

Netzwerkeffekte entstehen, wenn ein Unternehmen von einer zunehmenden Nutzerbasis profitiert. **Skalenvorteile** treten auf, wenn die Kosten pro Einheit mit zunehmender Produktionsmenge sinken. Beispielsweise nutzt die UnitedHealth Group (WKN: 869561; ISIN: US91324P1021) Skaleneffekte, um die Kosten für Versicherungs- und Pflegedienstleistungen zu senken und dadurch einen Preisvorteil im Wettbewerb zu generieren. Epic Systems (nicht börsennotiert), ein Anbieter von Gesundheits-IT, profitiert von Netzwerkeffekten, da immer mehr Krankenhäuser ihre Plattform nutzen und so gebündelt Zugang zu sonst verstreut gespeicherten behandlungsrelevanten Daten erhalten.

Die Implementierung neuer Hardware- aber auch Softwareanwendungen im Praxis- oder Krankenhausbetrieb ist bisweilen mit einem großen Aufwand verbunden. Medizinische Geräte, z. B. zur Durchführung von Operationen oder zur Bildgebung, müssen zunächst erworben und medizinisches Personal hierauf geschult werden. Darüber hinaus ist oft die Etablierung weitreichender betrieblicher Prozesse erforderlich. Bis sich diese initialen Investitionskosten amortisiert haben, vergehen oft Jahre oder gar Jahrzehnte und für das Krankenhaus bzw. die Arztpraxis kommt ein Anbieterwechsel nicht in Frage. Beispielsweise gehören die roboter-assistierten Operationssysteme „Da Vinci“ der Firma Intuitive Surgical (WKN: 888024; ISIN: US46120E6023) mittlerweile zum festen Inventar diverser Operationssäle und Konkurrenten dürften es aufgrund der hohen **Wechselkosten** sehr schwer haben.

Sichere Burggräben? Eine Frage des Sub-Sektors!

Einige Sub-Sektoren im Gesundheitswesen weisen eine Tendenz zu Monopolstellungen oder Oligopolen auf, insbesondere dort, wo Patente, regulatorische Hürden und hohe Investitionsanforderungen dominieren. Unternehmen mit Blockbuster-Medikamenten oder einzigartigen Technologien können vorübergehende Monopolstellungen einnehmen. Dies war etwa bei Gilead Sciences (WKN: 885823; ISIN: US3755581036) mit Hepatitis-C-Medikamenten oder bei Amgen (WKN: 867900; ISIN: US0311621009) im Bereich der Biopharmazeutika der Fall. Große Medizintechnikunternehmen wie Medtronic (WKN: A14M2J; ISIN: IE00BTN1Y115), Stryker (WKN: 864952; ISIN: US8636671013) oder Siemens Healthineers (WKN: SHL100; ISIN: DE000SHL1006) dominieren bestimmte Nischenmärkte wie Kardiologiebedarf (z. B. Herzschrittmacher, Defibrillatoren, Herzklappen oder Katheter), Implantate (z. B. künstliche Hüft- oder Kniegelenke) oder Bildgebungsgeräte (z. B. MRT (Magnetresonanztomographie), CT (Computertomographie), Röntgen- und Ultraschallsysteme oder Navigationssysteme für die Chirurgie). Da die Entwicklung neuer Technologien teuer und komplex ist und bei einem Anbieterwechsel hohe Wechselkosten in Form von Anfangsinvestitionen in Hard- und Software, Mitarbeiterschulungen oder räumlichen Umbaumaßnahmen anfallen können, haben Konkurrenten wenig Chancen.

In anderen Bereichen ist der Wettbewerb hingegen intensiv, was die Margen drückt und den Aufbau nachhaltiger Burggräben erschwert. Sobald der Patentschutz für ein Medikament ausläuft, tritt eine Vielzahl von Generika-Herstellern in den Markt ein, was die Preise drastisch senkt. Der Wettbewerb in diesem Bereich ist hart und nur Unternehmen mit extrem niedrigen Kostenstrukturen überleben langfristig. Der Digital Health-Bereich ist geprägt von einer Vielzahl von Start-ups und Technologieriesen, die um Marktanteile kämpfen. Die Eintrittsbarrieren sind relativ gering und die Innovation ist schnelllebig, was agile Start-ups gegenüber schwerfälligen Großkonzernen begünstigt, jedoch die Nachhaltigkeit von Wettbewerbsvorteilen einschränkt.

FAZIT
Die Gesundheitswirtschaft bietet eine einzigartige Mischung aus starken Burggräben und intensivem Wettbewerb. Während etablierte Unternehmen mit Patentschutz, Markenreputation und regulatorischen Hürden vorübergehend Monopolstellungen einnehmen können, bleibt der langfristige Bestand dieser Vorteile unsicher. Disruptive Innovation und regulatorische Veränderungen führen dazu, dass selbst starke Marktpositionen ständig verteidigt werden müssen. Beispielsweise könnten neue Therapieformen wie Gentherapie traditionelle Medikamente obsolet machen. Regierungen können Monopolstellungen durch Preisregulierungen oder strengere Auflagen einschränken. Investoren und Unternehmen müssen die spezifischen Marktstrukturen und Wettbewerbsdynamiken jedes Sub-Sektors sorgfältig analysieren, um von Burggräben zu profitieren und gleichzeitig auf die Risiken eines intensiven Wettbewerbs vorbereitet zu sein.

Innovationspotenziale: nichts Neues oder unbegrenzte Möglichkeiten?

Das Gesundheitswesen gehört zu den innovativsten und dynamischsten Branchen weltweit. Angetrieben von technologischen Fortschritten, demografischen Veränderungen und wachsendem Gesundheitsbewusstsein entwickeln sich neue Geschäftsmodelle, die das Potenzial haben, die Branche grundlegend zu transformieren. Doch welche Geschäftsmodelle sind besonders aussichtsreich respektive attraktiv aus Investorensicht? Um diese Frage zu beantworten, lohnt ein Blick auf die maßgeblichen Innovationstreiber im Gesundheitswesen:

- **Technologische Entwicklungen**: Fortschritte in der Digitalisierung, Künstlichen Intelligenz (KI), Robotik und Biotechnologie eröffnen neue Möglichkeiten für Diagnostik, Therapie und Versorgung.
- **Demografische Trends**: Die alternde Bevölkerung und die Zunahme chronischer Krankheiten erhöhen den Druck auf das Gesundheitssystem und schaffen Bedarf für innovative Lösungen.
- **Wandel der Patientenerwartungen**: Patienten fordern zunehmend personalisierte, bequem erreichbare und kosteneffiziente Gesundheitsdienstleistungen.
- **Globalisierung**: Der weltweite Wissensaustausch beschleunigt den Innovationszyklus.
- **Regulatorische Veränderungen**: Neue gesetzliche Vorgaben, z. B. zur Digitalisierung von Gesundheitsdaten oder Versorgungsprozessen, schaffen Raum für neue Geschäftsmodelle.

Profiteure dieser Entwicklungen finden sich in den unterschiedlichsten Bereichen von Digital Health über Personalized Medicine bis hin zu Wellbeing.

Digitale Gesundheitsplattformen

Plattformen, die Patienten, Ärzte, Krankenhäuser und andere Akteure des Gesundheitswesens digital vernetzen, sind weltweit auf dem Vormarsch. In den USA ist beispielsweise Teladoc Health (WKN: A14VPK; ISIN: US87918A1051) führend in der Telemedizin. Das Unternehmen bietet virtuelle Konsultationen (Videosprechstunden) und integrierte Versorgungslösungen an. Die Übernahme von Catapult Health, einem Anbieter von Gesundheits-Check-ups für zu Hause (sog. At-Home-Diagnostics), beflügelte Anfang 2025 die Wachstumsphantasien. Hims & Hers (WKN: A2QMYY; ISIN: US4330001060) ist ein weiteres US-amerikanisches Telemedizinunternehmen, das sich auf die Bereitstellung von Gesundheitsdienstleistungen und -produkten für Männer und Frauen spezialisiert hat. Gegründet im Jahr 2017, bietet das Unternehmen eine Vielzahl von Behandlungen in Bereichen wie Haarausfall, Hautpflege, sexueller Gesundheit und psychischem Wohlbefinden an. Durch eine benutzerfreundliche Online-Plattform ermöglicht Hims & Hers den Zugang zu medizinischer Beratung und verschreibungspflichtigen Medikamenten, ohne dass ein persönlicher Arztbesuch erforderlich ist. Dies erleichtert es den Nutzern, diskret und bequem auf ihre Gesundheitsbedürfnisse einzugehen. Ein europäisches Beispiel ist Doctolib (nicht börsennotiert). Das französische Unternehmen betreibt eine Plattform zur Terminvereinbarung und Patientenverwaltung, die den Alltag von Ärzten und Patienten erleichtert – quasi das Booking.com fürs Gesundheitswesen.

Potenziale ergeben sich in diesem Bereich infolge einer Reduktion der Eintrittsbarrieren für Patienten, durch die technologiebedingte Skalierbarkeit sowie durch die Möglichkeit, durch eine smarte Nutzung großer Datenmengen neue Umsatzquellen zu erschließen. Hohe Wachstumsraten und die Aussicht auf Marktführerschaft in einem relativ neuen Bereich machen Plattformmodelle attraktiv. Basierend aus Erfahrungen aus anderen Branchen ist überdies bereits bekannt, dass derartige Geschäftsmodelle sehr gut funktionieren, sei es im Konsumgüterbereich mit Amazon, im Reisemarkt mit Booking.com, im gastronomischen Kontext mit Lieferando oder im Versicherungsmarkt mit Check24. Aufgrund der zeitverzögert stattfindenden digitalen Entwicklung im Gesundheitswesen können Investoren hier also gewissermaßen in die Zukunft sehen. Allerdings erfordert der Aufbau einer kritischen Masse an Nutzern hohe Anfangsinvestitionen. Zudem sind die Betreiber digitaler Gesundheitsplattformen mit strengeren Regularien konfrontiert als Plattformbetreiber in anderen Branchen. Dies ist relevant, da Markterfolg in diesem Bereich immer auch mit Usability zusammenhängt. Regulatorik kann einen negativen Einfluss auf die Nutzerfreundlichkeit haben, wenn sich die Ausgestaltung bestimmter Funktionen nicht nur nach den Bedürfnissen der Nutzer richtet, sondern sich auch an gesetzlichen Gestaltungsvorgaben orientieren muss. Dass praxisferne Bürokraten sich nicht immer praxisnahe Regeln ausdenken, ist hinlänglich bekannt.

Künstliche Intelligenz

Der KI-Einsatz zur Unterstützung von Ärzten bei Diagnosen, der Analyse medizinischer Bilder oder der Entwicklung neuer Medikamente steht noch ganz am Anfang. Beispielsweise entwickelt DeepMind (Tochter der Google-

Holding Alphabet) KI-Algorithmen zur datenbasierten frühzeitigen Erkennung von Krankheiten sowie zur Entwicklung medizinischer Chatbots. Unternehmen wie PathAI oder contextflow (beide nicht börsennotiert) nutzen KI, um Pathologen bzw. Radiologen bei der Auswertung von Laborproben bzw. Röntgenbildern im Rahmen der Diagnostik zu unterstützen.

Im Bereich der KI-gestützten Wirkstoffforschung und -entwicklung sind Schrödinger (WKN: A2PY7M; ISIN: US80810D1037) oder Recursion Pharmaceuticals (WKN: A3CM1C; ISIN: US75629V1044) bekannte Namen (näher hierzu in Kapitel 5 zur Wirkstoffentwicklung „in silico").

Die Vorteile des KI-Einsatzes in der Gesundheitsversorgung sind vielfältig: Verbesserung der Diagnosegenauigkeit, Beschleunigung von Behandlungsentscheidungen oder Reduktion von Prozesskosten durch Automatisierung. KI-gestützte Lösungen sind hoch skalierbar und zukunftsweisend, aber finanzielle und regulatorische Hürden sowie ethische Fragen können die Markteinführung verzögern. KI-Technologien sind sehr rechenintensiv und benötigen viel Speicherplatz, was hohe Investitionen in Serverkapazitäten erfordert. Auch gibt es einige Rechtsunsicherheiten, die mit KI-Technologien verbunden sind. Typische Beispiele finden sich im Zulassungs- und Haftungsrecht. Wann bedarf eine technologische Weiterentwicklung, die eine KI selbständig aus den ihr zur Verfügung stehenden Daten produziert, einer erneuten Zulassung? Wer haftet für fehlerhafte Aussagen eines KI-basierten Entscheidungsunterstützungssystems, die für den anwendenden Arzt nicht ohne weiteres ersichtlich sind? Solche und ähnliche Fragen werden kontinuierlich diskutiert und führen in einigen bürokratischen Prozessen auch bereits zu Veränderungen. Beispielsweise wurde 2017 mit dem Precertification (Pre-Cert) Pilot Program der FDA ein Programm ins Leben gerufen, das zum Ziel hatte, ein neues regulatorisches Modell für Software als Medizinprodukt (SaMD) zu erproben. Dabei sollte die Zulassung nicht auf Produktebene, sondern auf Unternehmensebene erfolgen, um Innovationen zu fördern und den Zulassungsprozess zu beschleunigen. Das Pilotprogramm wurde 2022 zwar eingestellt, die FDA berücksichtigte die gewonnenen Erkenntnisse jedoch im Rahmen neuer regulatorischer Ansätze. Ein Beispiel hierfür ist die Einführung sogenannter Predetermined Change Control Plans (PCCPs), die es Herstellern ermöglichen, vordefinierte Änderungen an KI-Algorithmen vorzunehmen, ohne für jede Modifikation einen neuen Zulassungsantrag stellen zu müssen. Die parallel stattfindenden Entwicklungen rund um Quantencomputer dürften den Einsatz von KI im Gesundheitswesen (und natürlich auch darüber hinaus) zusätzlich befördern. Im Rahmen einer Partnerschaft mit IBM wurde beispielsweise an der Cleveland Clinic ein Quantencomputer installiert, der dort testweise für die Gesundheitsforschung, insbesondere zur gezielteren Entwicklung von Medikamenten, eingesetzt wird.

Achtung: Der firmenseitige Zugang zu möglichst umfassenden Datenmengen gehört in diesem Kontext zu den kritischen Erfolgsfaktoren und ist somit ein wichtiges Prüfkriterium.

Personalisierte Medizin

Unter die Überschrift fallen Therapien, die auf die individuellen genetischen, biologischen oder umweltbedingten Eigenschaften eines Patienten zugeschnitten sind. Illumina (WKN: 927079; ISIN: US4523271090) ist beispielsweise führend in der Genomsequenzierung, einem Kernbestandteil der personalisierten Medizin. Genomsequenzierung ist eine Methode, mit der die gesamte Erbinformation (DNA) eines Lebewesens entschlüsselt wird, indem die Anordnung der einzelnen DNA-Bausteine ausgelesen wird. Ärzte können hierdurch Erbkrankheiten oder gefährliche Krankheitserreger (z. B. Bakterien oder DNA-Viren) schneller erkennen und maßgeschneiderte Medikamente zur Bekämpfung auswählen bzw. eigens hierfür entwickeln.

Ein weiteres Beispiel sind BioNTech (WKN: A2PSR2; ISIN: US09075V1026) und Moderna (WKN: A2N9D9; ISIN: US60770K1079), beides Biotechnologieunternehmen, die mRNA-basierte Therapien entwickeln. mRNA (Messenger-RNA) ist ein Botenstoff, der bei der Produktion von Proteinen – zentrale Bausteine unseres Körpers, die in jeder Zelle enthalten sind – eine entscheidende Rolle spielt. Die Baupläne der körpereigenen Proteine sind im Erbgut – in der DNA im Zellkern – gespeichert. Wird ein bestimmter Bauplan gebraucht, wird hiervon eine Kopie erstellt – das ist die mRNA. In Form der mRNA wird der Bauplan aus dem Zellkern zu den Proteinfabriken (Ribosomen) übermittelt. Dort wird dann, basierend auf dem Bauplan, ein Protein hergestellt, das der Körper zur Abwehr der jeweiligen Erkrankung benötigt (essentielle Proteine in diesem Kontext sind Immunglobuline, auch bekannt als Antikörper). Im übertragenen Sinne ist mRNA also wie eine WhatsApp-Nachricht, mit der ich eine Information aus meinem Kopf in den Kopf einer anderen Person bekomme. Moderna und BioNTech suchen systematisch nach Proteinen, die bestimmte Erkrankungen wirksam bekämpfen und packen deren Bauplan in ein Medikament.

In derartigen maßgeschneiderten Behandlungen liegt großes Potenzial zur Erhöhung der Therapieerfolge bei gleichzeitiger Reduktion von Nebenwirkungen. Anwendungsmöglichkeiten ergeben sich beispielsweise in der Onkologie, im Bereich seltener Erkrankungen, beim Umgang mit Infektionserkrankungen oder in der Prävention. Unternehmen, die Technologien für die personalisierte Medizin entwickeln, bieten enormes Wachstums- und Renditepotenzial, stehen jedoch auch vor hohen Forschungs- und Entwicklungsrisiken und kosten sehr viel Zeit und Geld, bis Umsatz und Kurs durch die Decke gehen – wenn überhaupt.

Robotik und Automatisierung

Ein weiteres Entwicklungsfeld der „Zukunftsmedizin" ist der Einsatz von Robotern in der Chirurgie, Pflege oder Logistik. Intuitive Surgical (WKN: 888024; ISIN: US46120E6023) gilt mit dem inzwischen weltweit verbreiteten Da Vinci-System als Pionier in der robotergestützten Chirurgie. ABB (WKN: 919730; ISIN: CH0012221716) entwickelt Roboter fürs Gesundheitswesen, z. B. zur Bedienung medizinischer Geräte oder zum Zusammenstellen und Verpacken von Medikamenten.

Der Einsatz von Robotern erhöht die Präzision bei chirurgischen Eingriffen. Ein Roboter zittert nicht und eine OP kann pausiert werden, ohne die Armstellung des „Operateurs" zu verändern. In Pflegeeinrichtungen können Roboter perspektivisch das Personal entlasten und im Krankenhausbetrieb die Lieferketten optimieren. Etablierte Unternehmen in diesem Bereich profitieren von starken Burggräben infolge hoher Wechselkosten, was sie für langfristige Investments attraktiv macht.

Digital Therapeutics (DTx)

Ein weiterer sehr dynamischer Bereich der letzten Jahre sind softwaregestützte Therapien zur Prävention und Behandlung von Krankheiten. In Deutschland prägte der einstige Gesundheitsminister Jens Spahn (CDU) im Zuge der Einführung solcher digitalen Gesundheitsanwendungen (kurz: DiGA) in der gesetzlichen Krankenversicherung im Jahre 2020 den Begriff „Apps auf Rezept“. Inzwischen sind über 50 DiGA zur Versorgung von gesetzlich versicherten Patienten von der zuständigen Behörde (BfArM) zugelassen worden, davon der größte Teil zur Behandlung psychischer Erkrankungen. Anbieter sind überwiegend Start-ups, aber auch Pharmakonzerne tummeln sich hier und da im Markt – sei es im Wege von Eigenentwicklungen oder Joint Ventures mit kleinen Partnerunternehmen.

Potenziale ergeben sich aus dem einfachen Zugang zu digitalen Therapien, die vom Patienten zeit- und ortsunabhängig in Anspruch genommen werden können. In der Regel ergänzend zur regulären Versorgung angeboten, können sie bei besonders technikaffinen Patienten perspektivisch sogar traditionelle Behandlungen ersetzen. Der Markt für Digital Therapeutics wächst zwar rasant. Dennoch sind die Chancen für Privatanleger aus verschiedenen Gründen begrenzt:

- Anbieter aus dem Start-up-Umfeld sind in der Regel nicht börsennotiert. Wenn DTx innerhalb von Produktportfolios größerer Unternehmen angeboten werden, sind sie mutmaßlich nicht kursrelevant.
- Die internationale Skalierbarkeit ist eingeschränkt, da die Zulassungsverfahren im DTx-Bereich zwischen den Ländern stark variieren respektive bislang nicht harmonisiert wurden. Zudem sind DTx stärker auf spezifische Sprach- und Kulturräume zugeschnitten als beispielsweise Arzneimittel. Der Wirkmechanismus eines Medikaments ist in Deutschland genauso wie in China. Sprachbasierte Therapien, wie sie beispielsweise im psychotherapeutischen DTx-Bereich verbreitet sind, sind allerdings nicht ohne weiteres auf gänzlich andere Sprachräume übertragbar.

- Die Akzeptanz unter Ärzten ist ausbaufähig, aber essentiell, da diese die „Apps auf Rezept" ja verordnen müssen. Die Nachfrage im Selbstzahlermarkt ist aufgrund der vergleichsweise hohen Preise limitiert.

Lifestyle und Wellbeing

Hierunter fallen Angebote, die darauf abzielen, Krankheiten vorzubeugen und die allgemeine Gesundheit zu fördern. Beispielsweise betreibt Noom (nicht börsennotiert) eine App, die durch Verhaltensänderungen beim Gewichtsmanagement hilft. Fitbit (eine Marke von Google) kombiniert Wearables und Gesundheitsdatenanalyse.

Durch den Wunsch der Bevölkerung nach einem gesünderen Leben und der gleichzeitigen Möglichkeit, immer umfangreichere Daten zu Gesundheitszwecken zu nutzen, handelt es sich um einen Wachstumsmarkt mit geringeren regulatorischen Anforderungen als der übrige Gesundheitsmarkt. Allerdings ist der Wettbewerb auch besonders intensiv und typische Vorteile, von denen Investoren in den vorangehend beschriebenen Segmenten des Gesundheitswesens profitieren, greifen hier nicht.

FAZIT

Das Gesundheitswesen bietet eine Vielzahl von Innovationspotenzialen. Dass aus deren Realisierung eine Win-Win-Situation für alle Beteiligten, Patienten und Ärzte, resultiert, ist ein wichtiges Erfolgskriterium. Andernfalls gerät die Skalierung mangels Akzeptanz auf der einen oder anderen Seite früher oder später ins Stocken. Insbesondere Geschäftsmodelle im Bereich digitaler Gesundheitsplattformen, personalisierter Medizin, KI und Robotik versprechen hohe Wachstumsraten und attraktive Renditen.

Trotz der vielversprechenden Innovationspotenziale behalten smarte Investoren potenzielle Stolpersteine, wie regulatorische Hürden, mangelnde Marktakzeptanz, einen intensiven Wettbewerb, einen massiven Kapitalbedarf in der Entwicklungsphase oder die

Abhängigkeit von einzelnen Studienergebnissen, immer im Hinterkopf und versuchen hiermit zusammenhängende Risiken durch eine gezielte Auswahl „ungeschliffener Diamanten" mit gutem Chance-Risiko-Verhältnis zu reduzieren. TIPP: Das fünfte Kapitel liefert einige Hinweise.

Unternehmenswachstum: schnelle Gewinne oder langfristige Renditen?

Das Gesundheitswesen ist eine der dynamischsten Branchen der Weltwirtschaft und bietet vielfältige Investitionsmöglichkeiten. Doch während einige Geschäftsmodelle durch schnelles Wachstum glänzen, erfordern andere viel Geduld und eine langfristige Perspektive. Wann sind kurzfristige Kursgewinne drin und wann braucht es einen langen Atem? Come in and find out...

Wachstumstreiber und Skalierbarkeit

Die zentralen Wachstumstreiber haben wir bereits kennengelernt: Die Weltbevölkerung altert, insbesondere in Industrienationen. Ältere Menschen benötigen mehr medizinische Dienstleistungen, Medikamente und Pflege, was das Wachstum in der Branche antreibt. Auch Fortschritte in Bereichen wie Künstlicher Intelligenz, Biotechnologie, Robotik und Digitalisierung schaffen neue Märkte und Wachstumschancen. Zudem wächst die Nachfrage nach maßgeschneiderten Behandlungen.

Skalierbarkeit beschreibt die Fähigkeit eines Geschäftsmodells, mit geringem Mehraufwand zu wachsen. Im Gesundheitswesen hängt die Skalierbarkeit stark vom jeweiligen Sub-Sektor ab. Plattformen wie Teladoc, Doctolib, Hims & Hers oder Redcare Pharmacy haben das Potenzial zum Skalierungsmeister, sobald kritische Nutzerschwellen erreicht und überschritten werden. Einmal fest im Sattel, können sie durch geringe variable Kosten überproportional von weiter steigenden Nutzerzahlen profitieren.

Wachsende Marketingbudgets für Maßnahmen zur Suchmaschinenoptimierung (Google Ads & Co.) sowie Netzwerkeffekte bieten effektiven Schutz vor Wettbewerbern.

Auch sogenannte Blockbuster-Medikamente bieten enormes Wachstumspotenzial. Nach erfolgreicher Absolvierung aller klinischen Studienphasen folgt die Marktzulassung und das Wissen um die innovative Arzneimitteltherapie verbreitet sich per Aufnahme in die entsprechenden Behandlungsleitlinien in der medizinischen Ausbildung und der Versorgungspraxis. Dann steigen die Umsätze und der Kostenaufwand sinkt – zumindest solange Patentschutz besteht.

Weniger skalierbare Geschäftsmodelle finden sich in der Medizintechnik. Die Produktion von Geräten wie MRT-Scannern oder chirurgischen Robotern ist kapitalintensiv und das Wachstum erfordert signifikante Investitionen in Produktion und Vertrieb. Zudem sind oft Anpassungen an die individuellen Gegebenheiten im jeweiligen Krankenhaus erforderlich. Erst einmal im Klinikbetrieb installiert, produzieren die hohen Wechselkosten allerdings einen starken Burggraben.

Auch die ärztliche und pflegerische Vor-Ort-Versorgung – sei es in der Arztpraxis, im Krankenhaus, in der ambulanten Pflege oder im Pflegeheim – sind personalintensiv und daher weniger skalierbar. Das Wachstum erfordert oft die Einstellung zusätzlicher Fachkräfte, die in vielen Industrienationen nicht ausreichend zur Verfügung stehen, und den Ausbau der Infrastruktur. Insbesondere der Ausbau von Klinikkapazitäten ist enorm kosten- und zeitintensiv. Zudem hängen solche Geschäftsmodelle an national geregelten Finanzierungssystemen, sind von der Politik des jeweiligen Landes geprägt und haben daher wenig Aussicht auf Verbreitung über die Ländergrenzen hinweg. Wer hier dennoch sein Glück versuchen möchte, der kann sich zum Beispiel die Limes Schlosskliniken AG (WKN: A0JDBC; ISIN: DE000A0JDBC7) ansehen, ein Betreiber privater Kliniken zur Befriedigung der wachsenden Nachfrage nach psychotherapeutischen, psychiatrischen und psychosomatischen Versorgungsangeboten mit mehreren Standorten in Europa. Börsennotierte Unternehmen im Bereich betreutes Wohnen/Seniorenwohnheime sind beispielsweise die neuseeländische Ryman Healthcare Limited (WKN: 749279; ISIN: NZRYME0001S4) oder die US-amerikanische Brookdale Senior Living

(WKN: A0HL7W; ISIN: US1124631045). Die Welltower Inc. (WKN: A1409D; ISIN: US95040Q1040) betreibt einen Immobilieninvestmentfonds, der in Gesundheitsinfrastruktur investiert.

Schnell reich werden: Ausnahme statt Regel

Im Gesundheitswesen sind schnelle Kursgewinne aufgrund langwieriger Zulassungs- und Vermarktungsprozesse sowie politischer Einflussnahme eher die Ausnahme. Dennoch gibt es bestimmte Szenarien, in denen Unternehmen kurzfristig hohe Renditen generieren können:

- **Biotech-Start-ups**: Die Erreichung von Meilensteinen bei der Entwicklung bahnbrechender Therapien kann die Bewertungen kleinerer Unternehmen sprunghaft ansteigen lassen, insbesondere nach positiven Studienergebnissen oder Zulassungen – im Vorfeld sind allerdings bereits viele Jahre Forschungs- und Entwicklungsarbeit gelaufen.
  Achtung: Ein solcher Hype kann auch schnell wieder verfliegen!
- **Mergers & Acquisitions**: Übernahmen durch größere Unternehmen können den Aktienkurs kleinerer Anbieter kurzfristig stark steigen lassen. Beispielsweise kam es im Jahr 2024 zu einer Übernahme der Morphosys AG durch den Novartis-Konzern. In der Folge ist der Kurs je Aktie in wenigen Stunden auf den veröffentlichten Kaufpreis von 68 Euro angestiegen.
- **Market Hypes**: Unternehmen, die früh in wachstumsstarken Bereichen wie KI oder Digital Health operieren, können kurzfristige Umsatz- und Gewinnsprünge erzielen, indem sie in generellen Hypes „mitschwimmen“. Beispielsweise wurden die Kurse diverser Digital Health-Unternehmen im Digitalisierungshype während der COVID-19-Pandemie stark nach oben gespült.

Die meisten Geschäftsmodelle im Gesundheitswesen sind langfristig ausgerichtet, da hohe Markteintrittsbarrieren, regulatorische Hürden und lange Entwicklungszyklen schnelle Erfolge verhindern. Investoren sollten daher Geduld mitbringen. Die Entwicklung eines Medikaments dauert im

Durchschnitt 10 bis 15 Jahre und erfordert enorme Investitionen. Der Return on Investment (ROI) stellt sich häufig erst nach Marktzulassung und Patentierung ein.

Innovationen wie robotergestützte Chirurgie oder neue Diagnosetools benötigen Jahre der Marktdurchdringung, bevor signifikante Gewinne erzielt werden. Schließlich muss das Wissen um den Nutzen neuer Gesundheitstechnologien erst einmal in den Köpfen der potenziellen Anwender, der Ärzteschaft, ankommen. Dieser Prozess der Wissensdiffusion streckt sich über Jahre oder sogar über Generationen. Dass Ärzte nicht selten an der Belastungsgrenze agieren, macht es nicht besser. Denn: Wer hat Lust sich nach einem anstrengenden Arbeitstag, oft mit Überstunden, noch mit neuartigen Gesundheitstechnologien zu beschäftigen, wenn endlich der verdiente Feierabend ruft?

Im Hinblick auf digitale Gesundheitslösungen erfordert der Aufbau einer auskömmlichen Nutzerbasis oft erhebliche Anfangsinvestitionen – sowohl gemessen in Geld, als auch in Zeit.

FAZIT

Die Gesundheitswirtschaft ist weniger konjunkturabhängig und profitiert von stabilen, langfristigen Trends wie der Alterung der Bevölkerung und technologischen Innovationen. Viele Gesundheitsunternehmen, insbesondere aus den Bereichen Pharmazie und Medizintechnik, weisen daher stabile Umsätze und eine geringe Krisenanfälligkeit auf. In der kurzen Frist können strenge Zulassungsanforderungen und eine zähe Produktadoption in der Ärzteschaft das Wachstum jedoch hemmen.

Investments im Gesundheitswesen sollten daher vor allem als langfristige Anlagemöglichkeit betrachtet werden. Die Branche bietet zwar punktuell Chancen auf schnelle Gewinne, etwa bei Biotechnologie-Unternehmen mit vielversprechender Pipeline oder durch Unternehmensübernahmen, doch die meisten Geschäftsmodelle benötigen Zeit, um ihr volles Potenzial zu entfalten.

Zukunftsfähigkeit: Eintagsfliegen oder Dauerbrenner?

In der Gesundheitswirtschaft entstehen ständig neue Geschäftsmodelle, von digitaler Gesundheitsversorgung über OP-Roboter bis hin zur Genom-Editierung. Doch wie beständig sind diese Geschäftsmodelle? Basieren sie auf kurzlebigen Trends à la Bubble Tea, Ed Hardy oder Las Ketchup oder bleiben sie langfristig relevant?

Geschäftsmodelle im Gesundheitswesen kommen, um zu bleiben

Die Stabilität und Langfristigkeit der in Kapitel 3 besprochenen prägenden Megatrends spricht für zweiteres. Ein Ende des demografischen Wandels ist nicht in Sicht. Die steigende Lebenserwartung erhöht den Bedarf an medizinischen Dienstleistungen, Pflege und Medikamenten voraussichtlich auch weiterhin. Chronische Krankheiten wie Diabetes oder Herz-Kreislauf-Erkrankungen erfordern eine langfristige Betreuung.

Auch der anhaltende technologische Fortschritt in anderen Sektoren bringt immer wieder Innovationen hervor, die aufs Gesundheitswesen übertragen werden können oder neue Anknüpfungspunkte für gesundheitstechnologische Weiterentwicklungen bieten. Unternehmen, die in Forschung und Entwicklung investieren, können erfahrungsgemäß langfristige Wettbewerbsvorteile aufbauen. Beispielsweise profitieren Medikamente und Therapien gegen schwerwiegende oder chronische Erkrankungen oft von einer jahrzehntelangen Marktführerschaft, insbesondere während des Patentschutzes. Strenge Zulassungsverfahren und regulatorische Anforderungen erzeugen zusätzlich hohe Markteintrittsbarrieren und schaffen eine stabile Wettbewerbslandschaft.

Geräte wie MRT-Scanner, chirurgische Roboter oder Diagnostiksysteme sind essenziell für das moderne Gesundheitswesen und haben ebenfalls lange

Produktlebenszyklen – allein aufgrund der hohen Anfangsinvestitionen respektive der hohen Wechselkosten.

Ebenso sind digitale Plattformen auf Langfristigkeit angelegt, da sie Netzwerk- und Skaleneffekte zur Kundenbindung nutzen. Je größer eine Plattform wird, desto attraktiver wird sie für ihre Nutzer und desto besser kann sie sich gegen Konkurrenten zur Wehr setzen. Der sich zuspitzende Fachkräftemangel zahlt auf die Nachhaltigkeit telemedizinischer Plattformen ein, die eine ortsunabhängige Erstversorgung per Videosprechstunde ermöglichen oder gar KI-basierte Chatbots zur Beantwortung von Fragen rund um die Gesundheit nutzen. Die zunehmende Verlagerung der Gesundheitsversorgung in die digitale Welt bietet nicht nur Vorteile für Patienten, sondern auch für Ärzte, ermöglicht sie doch eine Ausübung der ehemals ortsgebundenen ärztlichen Tätigkeit im Homeoffice. Dass digitale Plattformen gekommen sind, um zu bleiben, wissen wir zudem bereits aus anderen Sektoren. Eine nicht von der Hand zu weisende Gefahr besteht natürlich darin, dass etablierte Plattformbetreiber aus dem nicht-medizinischen Bereich à la Amazon & Co. ihre Marktdominanz zu nutzen versuchen, um den Gesundheitsmarkt zu erschließen. Ein bekanntes Beispiel ist Amazon Pharmacy. Der Launch der Amazon-Tochter war für Aktionäre anderer US-amerikanischer Onlineapotheken alles andere als erfreulich.

Nicht alles währt ewig

Selbst funktionierende Geschäftsmodelle haben nicht immer langfristigen Erfolg. Einige Ansätze scheitern, weil sie technologisch überholt werden. Andere Ansätze werden bereits in frühen Phasen von der strengen Regulierung ausgebremst oder gehen hieran sogar zugrunde. Wieder andere Modelle erfüllen die Bedürfnisse mindestens einer der wichtigen Stakeholdergruppen nicht hinreichend, um langfristig zu überleben – sei es die Gruppe der Patienten, der Ärzteschaft oder der Kostenträger.

Ein Beispiel für kurzlebige Geschäftsmodelle sind Gesundheits-Apps, die eine Nischenkrankheit adressieren und es nicht schaffen, im Zielmarkt eine kritische Nutzerbasis zu erreichen. Wenn dann keine weiteren Produkte im

Portfolio oder zumindest in der Pipeline sind, können solche Unternehmen, selbst nach anfänglichem Erfolg, schnell an Relevanz verlieren. Auf Medikamente zur Behandlung seltener Erkrankungen trifft dies übrigens nicht gleichermaßen zu, da Vergütungssysteme im Arzneimittelbereich in der Regel derart ausgestaltet sind, dass für solche Medikamente sehr hohe Preise gezahlt werden. Beispielsweise belaufen sich die Jahrestherapiekosten für die in Deutschland sehr seltene Blutgerinnungsstörung „Hämophilie", im Volksmund als „Bluterkrankheit" bekannt, im Durchschnitt auf etwa 300.000 Euro. Ein besonders prominentes Beispiel ist das als „teuerstes Medikament der Welt" bekanntgewordene Zolgensma, das 2019 mit einem Preis von über 2 Mio. Euro auf den Markt kam. Der dahinterstehende Novartis-Konzern rechtfertigte den Preis seinerzeit damit, dass es sich um eine einmalige Infusion handle, die auf die genetische Ursache der seltenen spinalen Muskelatrophie (SMA) abzielt. Tatsächlich zeigte sich nach den ersten Jahren in den USA ein Umsatzrückgang, da irgendwann alle in Frage kommenden SMA-Patienten versorgt waren und nicht ausreichend neugeborene Patienten hinzukamen, um den Umsatz stabil zu halten. Mit derart hohen Preisen soll gewährleistet werden, dass die Entwicklung von Medikamenten zur Behandlung seltener Erkrankungen gleichermaßen attraktiv ist, wie die Entwicklung von Medikamenten für eine breitere Zielgruppe.

Für chancenorientierte Anleger, die nach jungen Unternehmen mit überdurchschnittlichem Wachstumspotenzial suchen, steht am Ende oft die Entscheidung, ob in einen internationalen Nischenmarkt, beispielsweise in Form eines weltweit skalierbaren oder bereits agierenden Medizintechnikanbieters, oder einen nationalen Massenmarkt, beispielsweise in Gestalt eines telemedizinischen Plattformbetreibers, investiert werden soll. Massenmärkte international à la Amazon zu bedienen, ist Healthcare-Unternehmern oft nicht möglich, da die Gesundheitsversorgung national organisiert ist und spezifischen Spielregeln folgt, die von außen nur schwer zu durchdringen sind. Von Geschäftsmodellen, die national begrenzte Nischenmärkte adressieren, lassen chancenorientierte Anleger mangels Wachstumspotenzial die Finger.

FAZIT

Die Zukunftsfähigkeit von Geschäftsmodellen im Gesundheitswesen hängt von mehreren Faktoren ab: der Innovationskraft, der Akzeptanz seitens der wesentlichen Stakeholder, der Anpassungsfähigkeit an einen sich ändernden Markt und der Fähigkeit, Wettbewerbsvorteile zu schaffen und zu bewahren. Während einige Modelle, wie Blockbuster-Medikamente oder digitale Plattformen, das Potenzial haben, jahrzehntelang zu bestehen, sind andere eher kurzlebig, da sie von neuen Technologien überholt oder von regulatorischen Hürden ausgebremst werden. Hat man ein zukunftsorientiertes Geschäftsmodell zu einer attraktiven Bewertung gefunden, heißt es: „Buy and hold!"

5 Das einzige Healthcare-Portfolio, das du kennen musst

Inspiriert von typischen Clickbait-Überschriften aus der YouTube-Welt, ist der Titel dieses Kapitels zugegebenermaßen etwas reißerisch gewählt. Ich stelle nachfolgend die Positionen aus dem Healthcare-Segment meines Aktienportfolios vor, aber es kann natürlich nie schaden, sich auch mit anderen Portfoliostrategien zu beschäftigen. In meinem Portfolio versuche ich gezielt in Geschäftsmodelle zu investieren, die in Anbetracht der in Kapitel 3 beschriebenen Megatrends optimal in die medizinische Versorgung der Zukunft passen und die in Kapitel 4 beschriebenen Besonderheiten des Gesundheitswesens für sich zu nutzen wissen. Es handelt sich weitestgehend um Newcomer mit teilweise disruptivem Potenzial und einer Marktkapitalisierung im Small- bis Mid-Cap-Bereich – mit allen damit zusammenhängenden Chancen und Risiken.

Jetzt wird's ernst

Bevor wir uns einige Aktien genauer ansehen, in die ich selbst investiert bin (Stand: Juli 2025), werfen wir noch einen kurzen Blick auf meine Strategie bei der Aktienauswahl:

In einem ersten Schritt versuche ich eine grobe Vorstellung davon zu entwickeln, wie die Gesundheitsversorgung der Zukunft, in Anbetracht der in Kapitel 3 aufgezeigten Megatrends, aussehen wird. In einem zweiten Schritt suche ich dann chancenorientiert nach Unternehmen, deren Geschäftsmodelle gut in diese Zukunft passen. Ein Fokus liegt auf antizyklischen Investmentideen mit einem gewissen Neuigkeitswert, die der breite Markt noch nicht auf dem Schirm hat und deren Potenziale nicht bereits in unzähligen Analystenkommentaren durchgekaut wurden. Unternehmen wie Novo Nordisk oder BioNTech scheiden damit als „Geheimtipp" aus.

Wenn ich ein entsprechendes Unternehmen identifiziert habe oder anderweitig hierüber gestolpert bin, beispielsweise bei der Lektüre von Marktupdates, im Gespräch mit Fachleuten oder beim Anhören eines einschlägigen Podcasts, sehe ich mir folgende Aspekte an:

- **Bewertungsniveau**: Bei der Einschätzung, ob die Aktie aus Käufersicht attraktiv bewertet ist, hilft ein Blick auf ein paar fundamentale Kennzahlen: Fällt oder stagniert der Kurs trotz steigender Umsätze, steigender Gewinne bzw. sinkender Verluste (die nachfolgend vorgestellten „Newcomer" operieren teilweise noch nicht in der Gewinnzone)? Bisweilen finden sich sogar Kursniveaus unter dem Buchwert oder mit anderen Worten: Im Kurs ist keinerlei Zukunftspotenzial eingepreist und Anleger kaufen Unternehmensanteile günstiger ein, als laut Unternehmensbilanz wert. Wenn sich das Unternehmen fundamental gut entwickelt, zieht der Kurs früher oder später nach.

- **Zusatzinfos**: Ein Blick in die aktuellen News rund um das Unternehmen offenbart beispielsweise Insidertrades, die Begründung relevanter strategischer Partnerschaften, potenzielle Fusionen und Übernahmen oder konkrete Market Access-Erfolge.
- **Kursverlauf**: Im Falle fallender Kurse wollen wir eine Bodenbildung abwarten und nach Möglichkeit nicht ins „fallende Messer“ greifen. Darüber hinaus vergessen wir nicht, dass alles was hoch steigt, schnell auch wieder tief fallen kann. Wer sich in den Kurs-Charts der hier präsentierten Werte die Anstiege im Jahr 2020 und die darauffolgenden Abstürze in 2022 ansieht, stellt nicht nur fest, dass attraktive Bewertungsniveaus aus Käufersicht erreicht wurden, sondern auch, dass es sinnvoll ist, Ausstiege zu planen. Die gelegentliche Mitnahme von Teilgewinnen beugt Frustrationen vor.

Die genannten Punkte sollen hier lediglich als grobe Orientierung dienen. Eine detaillierte Betrachtung ist nicht Gegenstand dieses Buchs, das sich auf innovative börsennotierte Unternehmen aus der Gesundheitsbranche und ihren Market Fit konzentriert.

DISCLAIMER

Die nachfolgenden Informationen stellen keine Anlageberatung, keine Anlageempfehlung und keine Aufforderung zum Erwerb oder zur Veräußerung bestimmter Wertpapiere dar. Sämtliche Informationen geben ausschließlich meine persönliche Meinung wieder und dienen allein der Unterhaltung.

Digitale Gesundheitsplattformen

Wer wird das nächste Amazon im Gesundheitswesen? Kann es die Amazon-Tochter „Amazon Pharmacy“ gar selbst werden? Diese Frage ist gar nicht so einfach zu beantworten, da Amazon international agiert, der Gesundheitssektor aber national organisiert ist. Plattformbetreiber im Gesundheitswesen müssen ihr Geschäftsmodell für gewöhnlich eng an landesspezifischen Besonderheiten und Regularien ausrichten. Das vorausgeschickt, zoomen wir in zwei Länder, in denen weltweit das meiste Geld im Gesundheitswesen umgesetzt wird: Deutschland und die USA.

HINWEIS
Investitionen in national orientierte Plattformbetreiber sind ein interessanter Hedge, um sich gegen Unsicherheiten im internationalen Handelsverkehr im Zuge der Trumpschen Zollpolitik abzusichern.

Der deutsche Online-Apothekenmarkt

Die verbindliche Einführung des elektronischen Rezepts (E-Rezept) im Januar 2024 für alle gesetzlich Versicherten in Deutschland (das sind knapp 90 % aller in Deutschland lebenden Menschen) markierte einen bedeutenden Wandel im Gesundheitswesen und eröffnete insbesondere für Online-Apotheken weitreichende Marktchancen. Mit dem E-Rezept wird der Prozess der Medikamentenbeschaffung für Patienten vereinfacht, da Rezepte nicht mehr in Papierform, sondern digital ausgestellt werden und per Smartphone eingelöst werden können. Diese Entwicklung stärkt vor allem das Wachstumspotenzial von etablierten Online-Apotheken wie **DocMorris** und **Redcare Pharmacy**, die den Markt der rezeptpflichtigen Medikamente bisher nur eingeschränkt bedienen konnten.

Deutschland ist einer der umsatzstärksten Pharmamärkte weltweit. In der gesetzlichen Krankenversicherung wurden im Jahr 2023 über 50 Milliarden Euro für Arzneimittel ausgegeben. Mit anderen Worten: Jeder Prozentpunkt am Arzneimittelumsatz, den eine Online-Apotheke auf ihre Plattform „lotsen" kann, ist über 500 Mio. Euro wert. Doch bisher wurde der rezeptpflichtige Medikamentenmarkt (sog. Rx-Markt) überwiegend durch lokale Vor-Ort-Apotheken dominiert. Der Markt für OTC-Produkte (Over-the-Counter), also rezeptfreie Medikamente und Gesundheitsprodukte, wurde hingegen bereits stark von Online-Anbietern geprägt. Allerdings ist das OTC-Marktsegment mit einem Umsatz von knapp 13 Mrd. Euro im Jahr 2023 deutlich kleiner als der Rx-Markt.

Die Marktverhältnisse zwischen Online- und Vor-Ort-Apotheken änderten sich vor 2024 nur langsam, da die Rezeptpflicht für verschreibungspflichtige Medikamente und das bisherige Papierrezept die Digitalisierung im Apothekenmarkt und damit insbesondere das Geschäftsmodell von Online-Apotheken einschränkten. Mit der Einführung des E-Rezepts können Online-Apotheken erstmals systematisch und rechtssicher auch rezeptpflichtige Medikamente vertreiben – mit Sicherheit ein Wachstumstreiber. In ländlichen Regionen ist die Apothekenversorgung oft weniger dicht als in städtischen Gebieten, was der digitalen Rezeptabwicklung inklusive der bequemen Medikamentenlieferung nach Hause hier einen zusätzlichen regionalen Boost geben könnte. Zudem arbeiten Online-Apotheken meist kosteneffizienter als ihre stationäre Konkurrenz – Stichwort: Economies of Scale. Perspektivisch schafft das E-Rezept Raum für die Entwicklung weiterer digitaler Gesundheitsservices. Beispielsweise könnten Online-Apotheken personalisierte Empfehlungen, Medikationsmanagement und Erinnerungen zur Einnahme anbieten, was die Kundenbindung weiter stärkt.

Die Schweizer DocMorris AG und die niederländische Redcare Pharmacy N.V. (auch bekannt unter der Brand „Shop Apotheke" mit dem Markenbotschafter Günther Jauch) sind als führende Online-Apotheken in Deutschland positioniert. Wer in Deutschland Begriffe wie „Rezept online einlösen", „Online-Apotheke" oder „Medikament online bestellen" googelt, der landet mit hoher Wahrscheinlichkeit bei einem der beiden Anbieter.

Performancetechnisch ließ Redcare Pharmacy die DocMorris AG im Jahr 2024 weit hinter sich zurück – zu sehen in Abbildung 13.

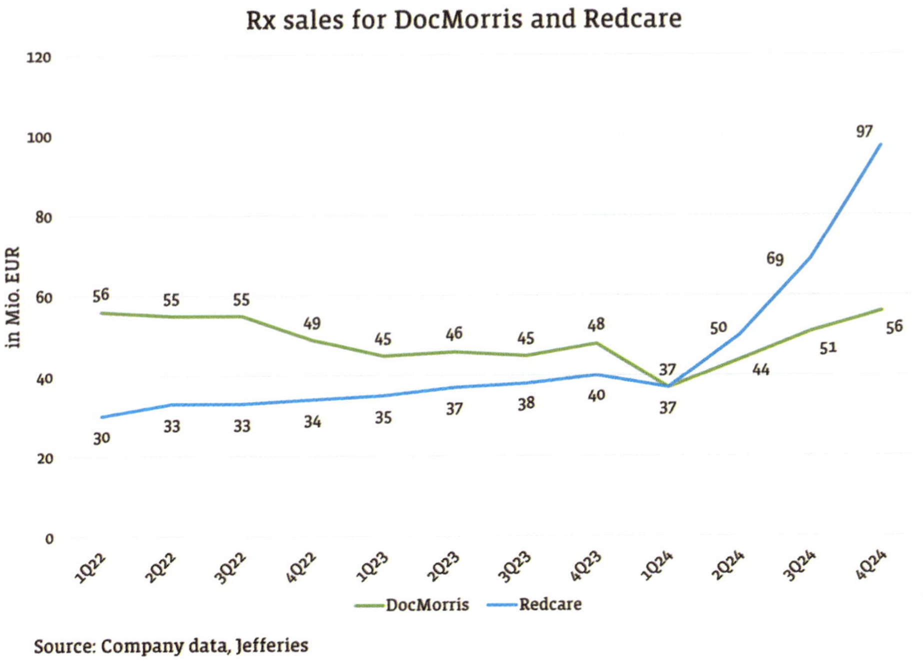

Abb. 13: Umsatzentwicklung im deutschen Rx-Markt für DocMorris und Redcare Pharmacy

Quelle: Eigene Darstellung basierend auf Jefferies zitiert aus Doepke (2025)[12].

Der Redcare-Konzernjahresumsatz stieg um 32 % auf 2,4 Mrd. Euro, wobei im deutschen Rx-Markt 254 Mio. Euro umgesetzt wurden. Im vierten Quartal 2024 beschleunigte sich das Rx-Umsatzwachstum in Deutschland auf 142 %. Konzernweit legten die Rx-Umsätze um 64 % auf 749 Mio. Euro zu. Bei DocMorris ging es im selben Jahr gemächlicher zu. Der Umsatz wuchs um 6,7 % auf 1,1 Mrd. CHF. Das Wachstum im deutschen Rx-Markt zog lediglich um 16,6 % an. Dennoch kein Grund DocMorris vorschnell abzuschreiben. Laut einer Analyse des Digital Pharma-Analysehauses Smile AI, die auf Webdaten vom Juni 2025 basiert, ist DocMorris die führende Gesundheitsplattform was Besuche via AI Chatbots wie ChatGPT angeht –

12 Doepke, M. (2025): Redcare Pharmacy im Sog von DocMorris – Kaufchance? In: DER AKTIONÄR. Online: https://www.deraktionaer.de/artikel/pharma-biotech/redcare-pharmacy-im-sog-von-docmorris-kaufchance-20376586.html [abgerufen am 13.5.2025]

Tendenz stark steigend. Zudem betreibt die DocMorris-Tochter TeleClinic Deutschlands führende Telemedizinplattform für Videosprechstunden & Co. und freute sich in 2024 über eine Umsatzverdopplung gegenüber dem Vorjahr auf rund 11 Mio. CHF. In absoluten Zahlen scheint der Betrag zwar niedrig, die Wachstumsdynamik in diesem sehr jungen Markt könnte das aber schneller ändern als gedacht. Zudem besteht das Potenzial sich wechselseitig verstärkender Effekte, wenn DocMorris kundenorientierte Prozesse rund ums Zusammenspiel zwischen Videosprechstunde und E-Rezept baut. Das DocMorris-Rezept-Abo ist ein weiterer patientenorientierter Service für Chroniker, der die Kundenbindung nachhaltig festigen könnte. Folgerezepte werden hier kostenlos beim Arzt angefordert und Medikamente regelmäßig geliefert. Schließlich fokussiert DocMorris noch stärker auf den deutschen Markt als Redcare Pharmacy. Dies birgt zwar Risiken, verstärkt aber auch den Durchschlag auf den Aktienkurs, wenn Marktanteile im deutschen Rx-Markt gewonnen werden können. Dass die DocMorris-Aktie in Schweizer Franken (CHF) notiert, ist insofern ein Bonus, als der Euro gegenüber dem stärkeren Schweizer Franken abwertet – ein Ende dieses Trends ist nicht in Sicht. Gewissermaßen bieten Schweizer Aktien somit einen zusätzlichen Inflationsschutz für Euro-Anleger.

Dass das Geschäftsmodell an sich funktioniert, sehen wir, wenn wir einen Blick auf den Einzelhandel werfen, in dem Online-Einkäufe längst weit verbreitete Realität sind (siehe Abbildung 14).

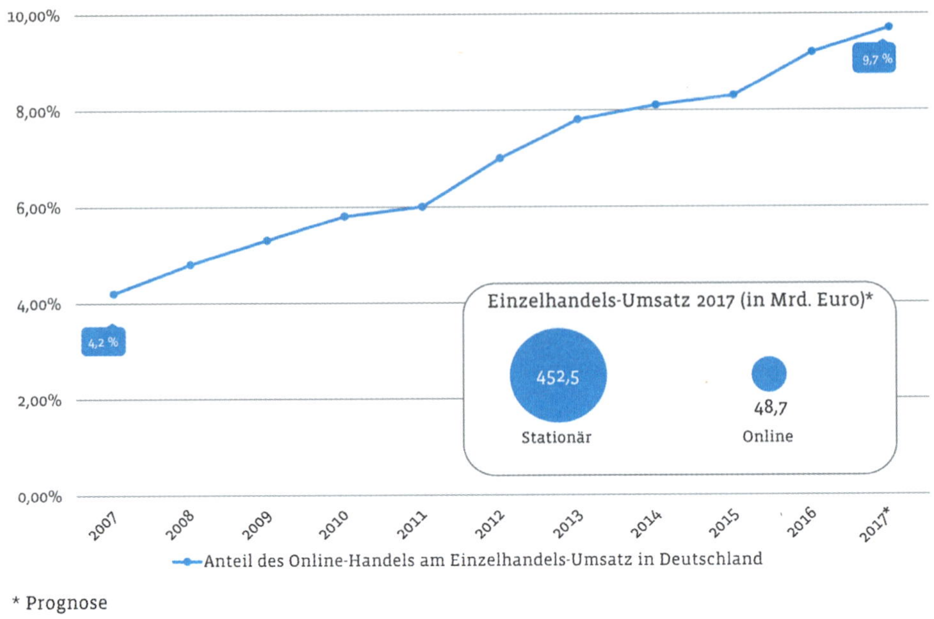

Abb. 14: eCommerce kratzt an der 10%-Marke: Anteil des Online-Handels am deutschen Einzelhandelsumsatz

Quelle: Statista basierend auf HDE-Daten in Brandt (2017)[13].

Zwischen 2007 und 2017 stieg der Online-Anteil des Einzelhandelsumsatzes in Deutschland kontinuierlich an – ein Trend, der bis heute anhält. Warum sollte das bei Medikamenten anders sein, als in anderen Branchen? Zumal rezeptfreie Medikamente bereits seit Jahren vielfach online bestellt werden.

13 Brandt, M. (2017): eCommerce kratzt an der 10%-Marke. In: Statista. Online: https://de.statista.com/infografik/7876/ecommerce-anteil-in-deutschland/ [abgerufen am 13.5.2025]

Auf einen Blick: DocMorris und Redcare

Chancen:

- **First Mover Advantage**: Beide Anbieter waren frühzeitig mit Online-Angeboten rund ums E-Rezept am Start.
- **OTC-Markterfahrung**: Beide Unternehmen verfügen über Erfahrung im OTC-Markt, auf die bei der Erschließung des Rx-Markts aufgebaut werden kann. Insbesondere existiert bereits ein funktionierendes Logistiksystem, das bundesweit eine schnelle Lieferung ermöglicht.
- **Tiefe Taschen**: Gerade für Online-Geschäftsmodelle bieten große Marketingbudgets einen relevanten Vorteil, da die Sichtbarkeit effektiv durch Google-Ads & Co. erhöht wird und hinsichtlich der Markenbekanntheit schnell ein kaum aufholbarer Vorsprung gegenüber der Konkurrenz erreicht werden kann.

Risiken:

- **Politische Unsicherheiten**: Die Fokussierung auf den deutschen Arzneimittelmarkt erzeugt eine hohe Abhängigkeit von den Entscheidungen deutscher Gesundheitspolitiker. Die Einführung des E-Rezepts verlief in Deutschland mitunter schleppend und Lobbykämpfe zwischen Online- und Vor-Ort-Apotheken prägen die gesundheitspolitische Gestaltung.
- **Wettbewerb mit stationären Apotheken**: Viele stationäre Apotheken reagieren ebenfalls auf die Einführung des E-Rezepts, indem sie verstärkt auf digitale Lösungen setzen. Besonders durch den Aufbau von regionalen Lieferdiensten und Apps, die das Einlösen des E-Rezepts ermöglichen, kann es zu einer stärkeren Konkurrenz kommen.
- **Wettbewerb von außen**: Etablierte Wettbewerber aus anderen Branchen könnten versuchen, in den attraktiven Rx-Markt einzudringen. Regulatorische Hürden schaffen zwar einen starken Burggraben. Dennoch sollte man Amazon Pharmacy & Co. nicht aus den Augen lassen.

Telemedizinische Versorgung in den USA

In den letzten Jahren hat die Telemedizin in den USA einen bemerkenswerten Aufschwung erlebt. Im Jahr 2022 wurde der US-Telemedizinmarkt auf 38,04 Milliarden US-Dollar geschätzt und soll bis 2030 mit einer durchschnittlichen jährlichen Wachstumsrate von 15,1 % wachsen. Die COVID-19-Pandemie stellte einen Booster für die telemedizinische Versorgung dar, wie in Abbildung 15 zu sehen.

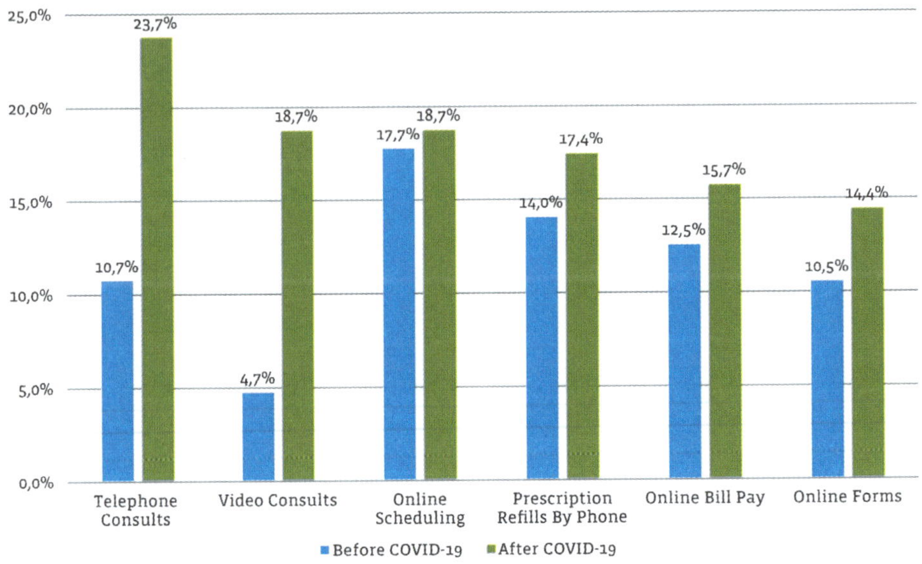

Abb. 15: Inanspruchnahme telemedizinischer Leistungen in den USA

Quelle: Eigene Darstellung basierend auf Fortune Business Insights[14].

Beispielsweise nutzten laut einer im Juli 2020 durchgeführten Umfrage vor Ausbruch der COVID-19-Pandemie lediglich 4,7 % der Befragten die Videosprechstunde, während es danach 18,7 % waren – ein Anstieg um fast 300 %. Der weitere Anstieg wird durch die fortschrittliche Gesundheitsinfrastruktur und die hohe Technologieakzeptanz in Nordamerika begünstigt.

14 Fortune Business Insights (2022): US-Telemedizin-Marktgröße, Marktanteil und COVID-19-Auswirkungsanalyse. Online: https://www.fortunebusinessinsights.com/de/us-telemedizinmarkt-108639 [abgerufen am 13.5.2025]

Ein prominenter Akteur in diesem Sektor ist **Teladoc Health** mit Sitz in Purchase im Bundesstaat New York. Das Unternehmen bietet Patienten die Möglichkeit, medizinische Beratung per Video- oder Audioverbindung zu erhalten, ohne ihr Zuhause verlassen zu müssen. Dieses Modell zielt darauf ab, den Zugang zu Leistungen der Gesundheitsversorgung zu verbessern, insbesondere in ländlichen oder unterversorgten Gebieten. Nicht nur für Patienten, sondern auch für Ärzte ist das Geschäftsmodell attraktiv, da es Remote Work in einem Beschäftigungsbereich ermöglicht, in dem dies vor einigen Jahren für viele noch undenkbar war – der medizinischen Patientenversorgung.

Das Unternehmen generiert Einnahmen durch Abonnements und nutzungsbasierte Gebühren, die von den Nutzern selbst oder von deren Arbeitgebern oder im Rahmen von Krankenversicherungsverträgen gezahlt werden. Seit einigen Jahren verfolgt Teladoc eine internationale Expansionsstrategie und ist seitdem auch in Lateinamerika, Asien und Europa aktiv. Im Jahr 2024 wurden knapp 16 % der Umsätze außerhalb der USA erwirtschaftet (409,6 Mio. US-Dollar von insgesamt 2.569,6 Mio. US-Dollar). Diese Diversifizierung der Einnahmequellen stärkt die finanzielle Stabilität und fördert das Wachstum.

Das Analysehaus Citron Research bezeichnet Teladoc als „Under the Radar AI Play", da das Unternehmen laut deren Analyse weit unterschätzt wird und sich langsam, aber sicher in eine technologiegetriebene, hochmargige Cash Cow verwandelt. Zwar stagniert das Umsatzwachstum, doch der Free Cash Flow, der angibt wie viel „echtes Geld" (also ohne verbuchte Umsätze mit Zahlungsziel erst im nächsten Jahr etc.) für Investitionen, Schuldentilgung & Co. übrigbleibt, nachdem alle laufenden Betriebsausgaben und notwendige Investitionen bezahlt wurden, ist über die letzten Jahre stark gestiegen.

Insbesondere ist hervorzuheben, dass Teladoc durch gezielte Investitionen in KI-Automatisierung im Kerngeschäft Kosten senkt und die Margen ausbaut. Konkret birgt der Einsatz KI-gestützter Systeme innerhalb der Versorgungsmanagement-Plattformen von Teladoc Health unter anderem Potenzial für die folgenden Bereiche:

- Terminvergabe, PatientenTriage und Erfassung elektronischer Patientendaten via Digital Assistant zur Terminvorbereitung
- Ressourcenplanung und Workflowmanagement, insbesondere in größeren Organisationen der Gesundheitsversorgung wie Krankenhäusern
- Nutzung elektronischer Gesundheitsdaten, etwa Daten aus elektronischen Patientenakten, Labormessungen oder Wearables, in Entscheidungsunterstützungssystemen (z. B. personalisierte Hinweise und Empfehlungen im Rahmen der Diagnostik und Therapieplanung)
- Prädiktive Analytik bei der Betreuung chronisch erkrankter Patienten, z. B. Risikovorhersage bei Diabetespatienten
- Behandlungsdokumentation per Sprachverarbeitung, medizinische Kodierung und Abrechnung
- Remote Patient Monitoring im Krankenhaus (Kamerabasierte Patientenüberwachung; sog. Virtual Sitter)

Die These: Teladoc hat sich von einem reinen „Pandemie-Relikt" zu einem profitablen KI-Pionier im Versorgungsalltag entwickelt. Zwar stagniert das Umsatzwachstum, doch der Free Cash Flow ist seit der Corona-Pandemie stark gestiegen. Somit hat Teladoc in den letzten Jahren das klassische Wachstum-zu-Profitabilität-Szenario durchlaufen.

Auf einen Blick: Teladoc Health

Chancen:

- **Wachsender Markt**: Die steigende Akzeptanz der Telemedizin und die durch den Fachkräftemangel bedingte Abnahme von Angeboten der Gesundheitsversorgung vor Ort bieten Teladoc erhebliche Wachstumsmöglichkeiten.
- **Innovationskraft**: Teladoc investiert kontinuierlich in Forschung und Entwicklung, um seine Dienstleistungen zu erweitern und zu verbessern. Beispielsweise hat das Unternehmen kürzlich Catapult Health übernommen, einen großen Anbieter virtueller Checkups – das sind diagnostische Testkits zur Selbstanwendung zu Hause, die bedarfsweise mit Videosprechstunden mit zugelassenen Gesundheitsdienstleistern kombiniert werden. Hierdurch wird das Angebot im Bereich der präventiven Gesundheitsversorgung gestärkt.
- **Strategische Partnerschaften**: Die Zusammenarbeit mit großen Unternehmen wie Amazon erweitert die Reichweite von Teladoc und erleichtert es Kunden, telemedizinische Dienste in Anspruch zu nehmen. Durch die Integration in Amazons Health Benefits Connector können berechtigte Kunden Programme von Teladoc für chronische Erkrankungen wie Diabetes und Bluthochdruck nutzen.

Risiken:

- **Rentabilitätsherausforderungen**: Trotz eines wachsenden Marktes hat Teladoc in der Vergangenheit erhebliche Verluste verzeichnet, was unter anderem mit kostenintensiven Unternehmensübernahmen zusammenhängt. Im Geschäftsjahr 2024 belief sich der Nettoverlust auf über eine Milliarde US-Dollar. Solche Verluste beeinträchtigen das Investorenvertrauen und setzen den Aktienkurs unter Druck.
- **Intensiver Wettbewerb**: Der Markt für digitale Gesundheitslösungen ist hart umkämpft. Neue Marktteilnehmer und technologische Fortschritte könnten den Marktanteil von Teladoc bedrohen.
- **Technologische Abhängigkeit**: Als technologiegetriebenes Unternehmen ist Teladoc anfällig für technische Ausfälle oder Cyberangriffe, die den Betrieb stören und das Vertrauen der Nutzer beeinträchtigen könnten. Natürlich ist für den einwandfreien Betrieb auch eine leistungsfähige Internet-Infrastruktur vonnöten – Stichwort: Breitbandausbau.

FAZIT UND VERTIEFUNG

In Deutschland stellte die Einführung des E-Rezepts einen zentralen Wendepunkt für den Apothekenmarkt dar. Für die Zukunft wird entscheidend sein, wie das E-Rezept in der Versorgungspraxis genutzt wird und wie gut die Online-Apotheken es schaffen, kundenfreundliche Prozesse zu etablieren. Gelingt dies, könnte sich der deutsche Online-Apothekenmarkt mittelfristig deutlich vergrößern und zunehmend Marktanteile von traditionellen Apotheken gewinnen. DocMorris (WKN: A0Q6J0; ISIN: CH0042615283) und Redcare Pharmacy (WKN: A2AR94; ISIN: NL0012044747) haben durch ihre bereits etablierte Infrastruktur, ihre Digitalkompetenz und ihre schiere Größe gute Voraussetzungen, um von diesem Wandel zu profitieren.

Teladoc Health (WKN: A14VPK; ISIN: US87918A1051) zählt zu den führenden Unternehmen der telemedizinischen Revolution in den USA und bietet innovative Lösungen für ein digitalisiertes Gesundheitssystem. Für Investoren ergeben sich sowohl Chancen durch das Wachstumspotenzial und strategische Partnerschaften als auch Risiken aufgrund von Rentabilitätsfragen und Wettbewerbsdruck.

Fortune Business Insights-Bericht zum US-Telemedizin-Markt:

Schaufelverkäufer & Hidden Champions

Der Begriff „Schaufelverkäufer“ stammt aus der Goldrausch-Zeit und ist als Metapher für Unternehmen zu verstehen, die sich nicht direkt an einem Hype beteiligen, sondern die Infrastruktur oder Werkzeuge bereitstellen, die andere für ihr Geschäft benötigen. Das berühmteste Beispiel ist der Kalifornische Goldrausch Mitte des 19. Jahrhunderts: Während viele Goldsucher scheiterten, verdienten die Händler, die Schaufeln, Spitzhacken und andere Ausrüstungen verkauften, gutes Geld – unabhängig davon, ob ihre Kunden erfolgreich waren oder nicht.

Solche „Schaufelverkäufer" sind auch im Gesundheitswesen zu finden. Die zwei deutschen Hidden Champions Eckert & Ziegler sowie Medios profitieren von den im dritten Kapitel aufgezeigten Megatrends, ohne dem vollen Studien- und Zulassungsrisiko forschender Unternehmen aus der Biotech- und Pharmabranche ausgesetzt zu sein. Eine erwähnenswerte Besonderheit dieser beiden Unternehmen im Vergleich zu den sonstigen in diesem Kapitel vorgestellten Unternehmen ist, dass sie bereits seit Jahren in der Gewinnzone operieren und positive Free Cash Flows generieren.

Radioaktive Komponenten in der Medizin

Die Eckert & Ziegler Gruppe mit Hauptsitz in Berlin ist eines der weltweit führenden Unternehmen in der Herstellung von radioaktiven Komponenten und Anwendungen, die hauptsächlich in der Medizin, Wissenschaft und Industrie genutzt werden. Das Unternehmen teilt sich in drei zentrale Geschäftsbereiche auf:

- **Herstellung von radioaktiven Komponenten für die Krebstherapie**: Als Strahlentherapien werden medizinische Behandlungsmethoden bezeichnet, bei denen ionisierende Strahlung gezielt eingesetzt wird, um Tumore oder anderweitig erkranktes Gewebe zu zerstören. Ziel ist es, die Krebszellen maximal zu schädigen, sodass diese absterben und sich nicht mehr teilen können, während gesundes Gewebe so gut wie möglich geschont wird.
- **Industrielle Radiometrie**: Hierunter fallen Messverfahren, die ionisierende Strahlung (z. B. Röntgen- oder Gammastrahlen) zur berührungslosen Überwachung und Analyse von Materialien und Prozessen in der Industrie nutzen. Typische Anwendungsbereiche sind Dichtemessung, Füllstandsmessung, Dickemessung oder die

Materialprüfung in Branchen wie Chemie, Bergbau, Metallverarbeitung oder Lebensmittelproduktion.

- **Nuklearmedizinische Diagnostik**: Mithilfe radioaktiver Stoffe werden Organe und Stoffwechselprozesse bildlich dargestellt. Ein Beispiel ist die Positronen-Emissions-Tomographie (PET), ein bildgebendes Verfahren, das die Reaktion von Gewebe auf eine schwach radioaktive Substanz im Körper erfasst, um Stoffwechselprozesse sichtbar zu machen. Hintergrund ist, dass Tumore einen Stoffwechsel aufweisen, der sich von gesundem Gewebe unterscheidet.

Im Bereich der **Krebstherapie** konzentriert sich Eckert & Ziegler auf die Produktion und Lieferung von radioaktiven Materialien, die zur Behandlung von Tumoren eingesetzt werden. Diese Komponenten kommen vor allem in der Brachytherapie, einer Form der Strahlentherapie, bei Patienten mit Augen- oder Prostatakrebs zum Einsatz. Hierbei wird das radioaktive Material direkt im Tumor oder in dessen Nähe platziert, um gezielt und effizient das Tumorgewebe zu bestrahlen, während umliegendes gesundes Gewebe möglichst verschont bleibt. Die Nachfrage nach innovativen Krebstherapien steigt weltweit kontinuierlich an. Gründe dafür sind zum einen die steigende Krebserkrankungsrate durch die zunehmende Alterung der Bevölkerung und zum anderen die Nachfrage nach schonenderen und präziseren Therapien. Die Brachytherapie bietet hier signifikante Vorteile. Die Marktchancen für Eckert & Ziegler in diesem Segment sind vielversprechend, da sich das Unternehmen als zuverlässiger Partner für die Entwicklung und Anwendung neuer Therapien positioniert hat. Der Fokus auf diese größer werdende Nische könnte in den kommenden Jahren hohe Wachstumsraten mit sich bringen. Die zunehmende Verbreitung von Krebs-Screenings stützt diese These. Werden bestimmte Krebsarten mit Hilfe reichweitenstarker Screenings bereits in einem frühen Stadium erkannt, sind Strahlentherapien, die schonender im Vergleich zu Chemotherapien sind, deutlich häufiger das Mittel der Wahl als bei der Behandlung fortgeschrittener Krebsstadien.

Eines der Hauptrisiken in diesem Bereich sind regulatorische Anforderungen und Sicherheitsstandards. Da radioaktive Materialien eingesetzt werden, unterliegen diese strengen Auflagen und Kontrollen. Auch die Konkurrenz durch andere Krebstherapien (z. B. Immuntherapien und zielgerichtete Chemotherapien) kann den Marktanteil der Brachytherapie beeinflussen. Ein weiteres Risiko sind potenzielle Engpässe oder Preisschwankungen bei radioaktiven Materialien.

Im Bereich der **industriellen Radiometrie** stellt Eckert & Ziegler radioaktive Messgeräte her, die in verschiedenen Industrien eingesetzt werden, um Maß zu nehmen und Materialprüfungen durchzuführen. Industrielle Radiometrie gewinnt zunehmend an Bedeutung, da diese Messmethoden oft präziser, schneller und in harschen Umweltbedingungen zuverlässiger sind als herkömmliche Verfahren. Gerade in der Chemieindustrie und im Rohstoffsektor besteht ein wachsender Bedarf an zuverlässigen Messsystemen. Für Eckert & Ziegler bedeutet dies eine stabile Nachfrage, insbesondere in Industrien, die auf hohe Präzision setzen.

Da die Nachfrage in diesem Bereich von der allgemeinen wirtschaftlichen Lage abhängig ist, kann ein Abschwung in Schlüsselindustrien die Nachfrage nach radiometrischen Geräten schmälern. Ein weiterer Faktor ist die mögliche Entwicklung alternativer Messmethoden, die auf nicht-radioaktiven Verfahren basieren und keine speziellen Sicherheitsvorkehrungen erfordern. Auch in diesem Bereich stellen regulatorische Änderungen einen Risikofaktor dar, insbesondere, wenn Sicherheitsanforderungen erhöht oder Vorschriften geändert werden.

Im Bereich der **nuklearmedizinischen Diagnostik** produziert Eckert & Ziegler radioaktive Komponenten (Isotope und Tracer), die in bildgebenden Verfahren wie der Positronen-Emissions-Tomographie (PET) und der Single-Photon-Emissions-Computertomographie (SPECT) eingesetzt werden. Diese Verfahren sind in der Onkologie, Kardiologie und Neurologie von zentraler Bedeutung, da sie eine präzise Diagnose von Erkrankungen ermöglichen. Der Markt für nuklearmedizinische Diagnostik wächst durch den steigenden Bedarf an präzisen Diagnosetools und den technologischen Fortschritt in der Bildgebungstechnologie. In der Onkologie wird die PET/CT-Diagnostik als besonders wertvoll angesehen, da sie eine detaillierte Visualisierung von Tumoren ermöglicht und die Entwicklung gezielter Therapien fördert. Da Eckert & Ziegler ein umfassendes Portfolio an radioaktiven Komponenten bietet, ist das Unternehmen gut aufgestellt, um vom steigenden Bedarf in diesem Segment zu profitieren.

Ähnlich wie bei der Krebstherapie ist auch hier ein Hauptrisiko die strenge Regulierung. Die Produktion und der Transport von radioaktiven Komponenten unterliegen strengen Auflagen, und Änderungen in den Vorschriften können sich direkt auf die Kostenstruktur auswirken. Ein weiteres Risiko sind Engpässe in der Rohstoffversorgung. Zudem besteht durch die Entwicklungen in der medizinischen Diagnostik (z. B. durch molekulare Diagnostik ohne Radioaktivität) eine Konkurrenz.

Gerade im Bereich der Krebsmedizin deuten die in Kapitel 3 aufgezeigten Megatrends, insbesondere der demografische Wandel, in eine klare Richtung: Wie in Abbildung 16 des US-amerikanischen National Cancer Institute zu sehen, zählt das fortschreitende Alter zu den wichtigsten Risikofaktor für Krebs insgesamt und für viele einzelne Krebsarten.

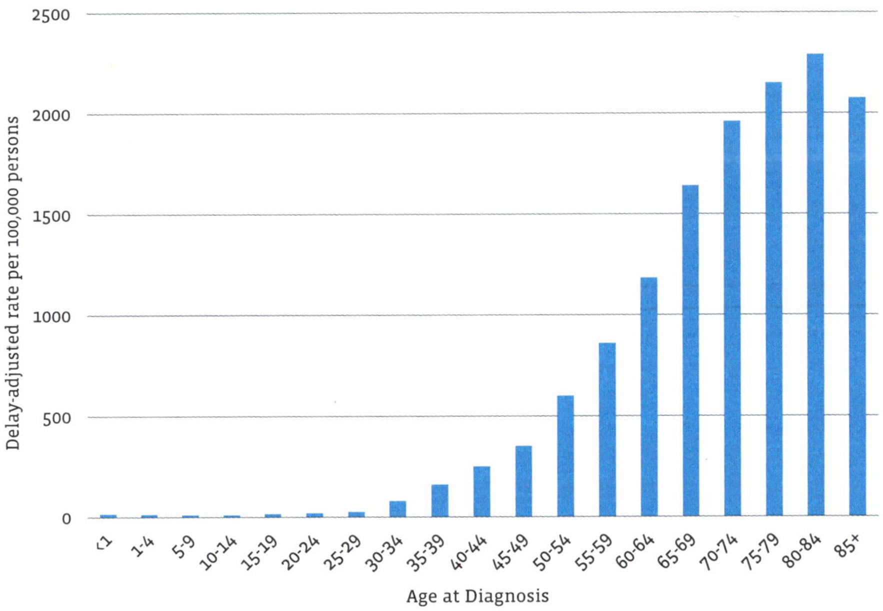

Abb. 16: Neuerkrankungsraten nach Alter bei Diagnose (alle Krebsarten)

Quelle: Eigene Darstellung basierend auf National Cancer Institute[15].

Die Krebsneuerkrankungsraten steigen mit zunehmendem Alter stetig an, von weniger als 25 Fällen pro 100.000 Personen in der Altersgruppe unter 20 Jahren über etwa 350 pro 100.000 Personen in der Altersgruppe zwischen 45 und 49 Jahren bis hin zu mehr als 1.000 pro 100.000 Personen in der

15 National Cancer Institute: Age and Cancer Risk (2025). Online: https://www.cancer.gov/about-cancer/causes-prevention/risk/age [abgerufen am 13.5.2025]

Altersgruppe ab 60 Jahren. In anderen Ländern ist dieser Zusammenhang ähnlich, was weltweit zu einer immer stärkeren Verbreitung von Krebserkrankungen führt – zu sehen in Abbildung 17.

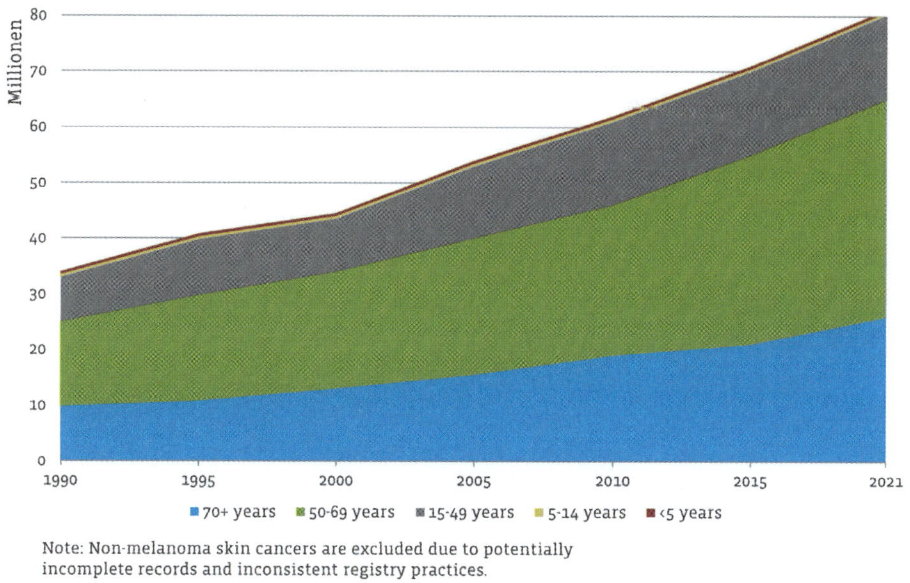

Abb. 17: Weltweite Verbreitung von Krebserkrankungen getrennt nach Altersgruppen (alle Krebsarten)

Quelle: Eigene Darstellung basierend auf Our World in Data[16].

Während im Jahr 1990 nur etwa 35 Mio. Menschen weltweit von Krebs betroffen waren, waren es in 2021 nahezu 82 Mio. Menschen – eine Zunahme von etwa 134 % in 30 Jahren. Die Zunahme ist auf das Bevölkerungswachstum insgesamt, insbesondere aber auf das Bevölkerungswachstum in der Altersgruppe 50+ zurückzuführen. Der demografische Wandel führt zu einer immer weiter steigenden Anzahl älterer Menschen, die ein erhöhtes Risiko aufweisen, eine Krebserkrankung zu erleiden. In Anbetracht dessen, kombiniert mit dem medizinisch-technischen Fortschritt, der Krebs zunehmend von einer zeitnah tödlichen zu einer chronischen Erkrankung macht (heißt: Betroffene bleiben länger in der Statistik), ist ein Ende dieses Wachstumstrends nicht abzusehen.

16 Our World in Data (2024): Prevalence of cancer by age, World. Online: https://ourworldindata.org/grapher/number-of-people-with-cancer-by-age# [abgerufen am 13.5.2025]

Auf einen Blick: Eckert & Ziegler

Chancen:

- **Wachsende Nachfrage in der Krebsmedizin**: Die mit dem demografischen Wandel einhergehende Zunahme von Krebserkrankungen sorgt für eine stabil wachsende Nachfrage nach onkologischen Versorgungsleistungen.
- **Innovationskraft und Spezialisierung**: Das Unternehmen hat sich in der Nische der radioaktiven Medizinprodukte spezialisiert und profitiert von umfangreicher Erfahrung und hohem technologischen Know-how. Dies sorgt sowohl für einen starken Burggraben als auch für eine gute Ausgangsposition in Forschung und Entwicklung.
- **Diversifikation**: Die Eckert & Ziegler Gruppe ist nicht aufs Gesundheitswesen beschränkt, sondern zählt auch Unternehmen aus anderen Industrien zu ihren Kunden.

Risiken:

- **Regulatorik und Sicherheitsanforderungen**: Da das Unternehmen radioaktive Materialien herstellt und transportiert, ist es hohen regulatorischen Anforderungen unterworfen. Änderungen könnten zu zusätzlichen Kosten und Verzögerungen führen.
- **Volatile Rohstoffmärkte und Produktionsrisiken**: Die Beschaffung der benötigten Rohstoffe kann teuer und schwierig sein. Preisschwankungen und mögliche Lieferengpässe stellen ein Risiko für die Gewinnmarge dar.
- **Konkurrenz und technologische Entwicklungen**: Der Markt für Krebstherapien und diagnostische Produkte ist hart umkämpft. Im Bereich der Strahlentherapie verfügen auch größere Technologieanbieter wie Siemens Healthineers über ein starkes und innovatives Produktportfolio. Zudem könnten neue, nicht radioaktive Technologien die Nachfrage nach radioaktiven Produkten reduzieren.

Patientenindividuelle Arzneimitteltherapien

Die moderne Medizin legt zunehmend Wert auf eine individuelle und ganzheitliche Behandlung jedes Patienten. Das bedeutet, dass sowohl medikamentöse Therapien als auch andere medizinische Maßnahmen verstärkt an den individuellen Krankheitsverlauf und die persönliche Gesamtkonstitution angepasst werden. Beispielsweise spielen Faktoren wie Geschlecht, Alter und Gewicht eine entscheidende Rolle bei der Zusammensetzung und Dosierung der Medikation. Durch seinen Fokus auf individualisierte Produkte respektive eine Abkehr vom One-Size-Fits-All-Ansatz unterscheidet sich der sogenannte Specialty Pharma-Sektor von der herkömmlichen Pharmazie. Er konzentriert sich auf die Versorgung mit spezialisierten Medikamenten, die für die Behandlung von seltenen oder komplexen Erkrankungen wie Krebs, Autoimmunerkrankungen und genetischen Störungen eingesetzt werden.

Die **Medios** AG ist eines der führenden Unternehmen in diesem Sektor in Deutschland. Ihr Geschäftsmodell umfasst den Großhandel, die Individualherstellung und die Beratung im Specialty Pharma-Bereich und ist auf die Bedürfnisse von Apotheken, Krankenhäusern und Ärzten zugeschnitten. Die Medios-Gruppe besteht aus mehreren Tochtergesellschaften, die verschiedene Bereiche der pharmazeutischen Versorgung abdecken. Im Segment der patientenindividuellen Therapien gehören dazu unter anderem die Medios Manufaktur GmbH, die auf Anfrage von Apotheken insbesondere Infusionslösungen für die Onkologie herstellt, sowie die Medios Individual GmbH, die parenteral anwendbare Virostatika, Antibiotika, Zytostatika und Produkte für die parenterale Ernährung produziert. Weiterhin zählt die Medios Pharma GmbH als pharmazeutischer Großhändler zu den zentralen Unternehmen der Gruppe. Darüber hinaus bietet die Medios Digital GmbH mit der Plattform mediosconnect eine digitale Plattformlösung an, die Facharztpraxen rund um die Uhr eine unkomplizierte Bestellung und Abrechnung patientenindividueller Therapien ermöglicht. Auch in der Klinikversorgung bestehen Partnerschaften. Hier unterstützt Medios bei Produkteinführungen – von der klinischen Studie bis zur Marktreife. Insbesondere ist Medios zur Herstellung klinischer Prüfpräparate in sogenannten Reinräumen berechtigt. Hier werden Kapseln, Tabletten, etc. in maßgeschneiderter Dosierung und Darreichungsform für bestimmte Patientengruppen in klinischen Studien gefertigt.

In den vergangenen Jahren hat Medios sein Geschäftsfeld durch gezielte Übernahmen erweitert: 2021 wurde der spezialisierte pharmazeutische Großhändler Cranach Pharma GmbH mit Sitz in Hamburg übernommen, 2022 folgte der Mannheimer Arzneimittelhersteller NewCo Pharma. Im Januar 2023 schloss Medios zudem die Übernahme des pharmazeutischen Herstellbetriebs Blisterzentrum Baden-Württemberg GmbH erfolgreich ab. Durch die jüngst erfolgte Übernahme des niederländischen Marktführers Ceban Pharmaceuticals mit Niederlassungen in Belgien und Spanien stärkte Medios die Marktposition in Europa.

Der Specialty Pharma-Sektor wächst deutlich schneller als der traditionelle Pharmamarkt. Ursachen dafür sind die alternde Bevölkerung, der Anstieg chronischer Krankheiten und der medizinische Fortschritt, der neue spezialisierte Therapien ermöglicht. Insbesondere personalisierte Medizin und innovative Pharmazeutika treiben die Nachfrage an. Medios kann von diesem Trend profitieren, da das Unternehmen gezielt auf hochspezialisierte Produkte und patientenindividuelle Lösungen setzt. Immer mehr Pharmaunternehmen entwickeln Medikamente für seltene Erkrankungen (Orphan Drugs), ein weiterer Bereich, in dem Specialty Pharma eine zentrale Rolle spielt.

Auf einen Blick: Medios

Chancen:

- **Wachstumsstarke Branche**: Der Specialty Pharma-Sektor wächst kontinuierlich und liegt voll im Trend zur personalisierten Medizin.
- **Diversifiziertes Geschäftsmodell**: Medios bietet eine Kombination aus stabilen Einnahmen durch den Großhandel und höheren Margen aus der Herstellung individueller Präparate. Die Übernahme der niederländischen Ceban Pharmaceuticals sorgte darüber hinaus für eine regionale Diversifikation in weitere europäische Länder.
- **Positionierung in einem Nischenmarkt**: Durch die Spezialisierung auf personalisierte Therapien und Orphan Drugs kann Medios als Marktführer in einem Marktsegment mit starkem Burggraben agieren.

Risiken:

- **Regulatorische Unsicherheiten**: Änderungen in der Arzneimittelpreisgestaltung oder im Erstattungsprozess könnten die Margen beeinträchtigen. Dass es hier über kurz oder lang zu gesundheitspolitischen Anpassungen kommt, ist in Anbetracht des immer stärker werdenden Kostendrucks im deutschen Gesundheitswesen nicht völlig unrealistisch.
- **Produktabhängigkeiten**: Ein Ausfall wichtiger Produkte, sei es aufgrund von Rohstoffengpässen, Lieferkettenproblemen oder neuartigen Therapiealternativen, könnte Umsatzverluste verursachen.
- **Investitionsbedarf**: Die kontinuierliche Anpassung an regulatorische Anforderungen und die Weiterentwicklung des Geschäftsmodells zwecks Sicherung der Wettbewerbsposition erfordern hohe Investitionen.

FAZIT UND VERTIEFUNG

Eckert & Ziegler (WKN: 565970; ISIN: DE0005659700) profitiert von einer starken Position in einem wachstumsstarken Marktsegment und verfügt über ein diversifiziertes Geschäftsmodell, das sowohl die medizinische als auch die industrielle Nutzung radioaktiver Materialien abdeckt. Die Innovationskraft und die Nischenspezialisierung verschaffen dem Unternehmen einen Wettbewerbsvorteil und Potenzial für zukünftiges Wachstum. Die Konzentration auf Vorprodukte und Geräte, die für die Erforschung, Entwicklung und Routineproduktion radioaktiver Therapien benötigt werden, machen das Unternehmen unabhängiger von einzelnen Studienergebnissen bzw. der Zulassung einzelner Therapieansätze und damit zum „Schaufelverkäufer“ in der Nuklearmedizin und Strahlentherapie.

YouTube-Video auf dem Kanal von Mario Lochner „Darum sind ETFs & Dividenden überschätzt + die BESTEN Small Caps // Lukas Spang LoKr Room Talk“; unter anderem mit einer Case Study zu Eckert & Ziegler:

Die Medios AG (WKN: A1MMCC; ISIN: DE000A1MMCC8) hat sich im Specialty Pharma-Sektor gut positioniert und verfügt über ein robustes Geschäftsmodell, das sowohl stabile Einnahmen aus dem Großhandel als auch Wachstumschancen durch die Individualherstellung bietet. Der Markt für spezialisierte Medikamente bietet erhebliches Wachstumspotenzial, insbesondere in Anbetracht des Trends zur personalisierten Medizin. Das Medios-Geschäftsmodell ermöglicht es, diesen Trend zu nutzen, ohne alles auf eine Karte zu setzen, denn: Ebenso wie bei Eckert & Ziegler besteht auch hier keine zu große Abhängigkeit von einzelnen Studienergebnissen bzw. Zulassungen.

Gamechanger in der Wirkstoffentwicklung & Biotechnologie

Vive la révolution! Investitionen im Biotech-Sektor bieten Potenzial für überdurchschnittliche Renditen, da bahnbrechende Innovationen in Bereichen wie KI-gestützter Wirkstoffentwicklung oder Gentherapie die Gesundheitsversorgung revolutionieren. Der technologische Fortschritt, kombiniert mit einer global steigenden Nachfrage nach neuen Behandlungsmethoden, schafft langfristige Wachstumschancen. Zudem profitieren Biotech-Unternehmen oft von strategischen Partnerschaften mit etablierten Pharma-Riesen, was den Market Access neuer Produkte beschleunigen kann. Für risikobewusste Anleger eröffnet der Biotech-Sektor damit die Möglichkeit, frühzeitig an disruptiven Entwicklungen teilzuhaben und finanziell von medizinischen Durchbrüchen zu profitieren.

Wirkstoffentwicklung „in silico“

Die Entwicklung von Medikamenten ist traditionell ein langwieriger und kostspieliger Prozess, der oft mehr als ein Jahrzehnt und hunderte Millionen Dollar in Anspruch nimmt. Wie im Branchenvergleich in Abbildung 18 zu sehen, rangiert die Gesundheitsindustrie gemessen an ihren Forschungs- und Entwicklungsausgaben weltweit auf Platz 2 – direkt hinter Herstellern von Informations- und Kommunikationstechnologien.

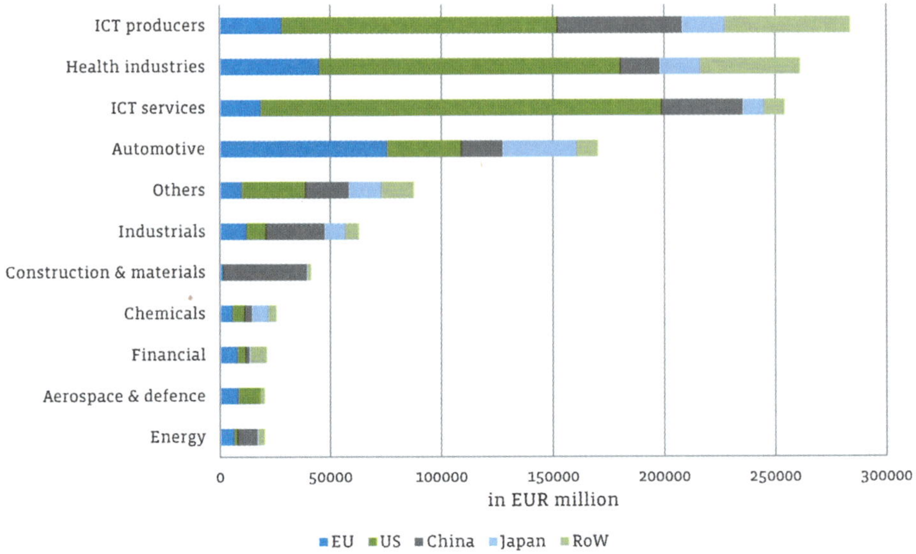

Abb. 18: F&E-Investitionen im Jahr 2022 nach Branche und Region (in Mio. Euro)

Quelle: Eigene Darstellung basierend auf dem EU Industrial R&D Investment Scoreboard der Europäischen Kommission aus dem Jahr 2023[17].

Die Abbildung zeigt die Verteilung der Investitionen in Forschung und Entwicklung (F&E) der jeweiligen Top-2.500 Unternehmen im Jahr 2022 nach Sektor und Region. Unternehmen mit Hauptsitz in den USA tragen am meisten zu den drei Sektoren mit den höchsten F&E-Investitionen bei. So dominieren auch im Gesundheitssektor US-Unternehmen. EU-Unternehmen liegen an zweiter Stelle und investieren in dieser Branche damit mehr als chinesische.

Betrachten wir den Anteil der F&E-Ausgaben am Branchenumsatz, liegt die Pharmabranche als Teil der Gesundheitsbranche sogar mit Abstand auf Platz 1 – für Deutschland beispielhaft zu sehen in Abbildung 19 (differenziert nach betriebsinternen F&E-Ausgaben und Ausgaben für externe F&E-Kooperationen).

17 Nindl, E. et al (2023): The 2023 EU Industrial R&D Investment Scoreboard. Publications Office of the European Union, Luxembourg. doi:10.2760/506189, JRC135576

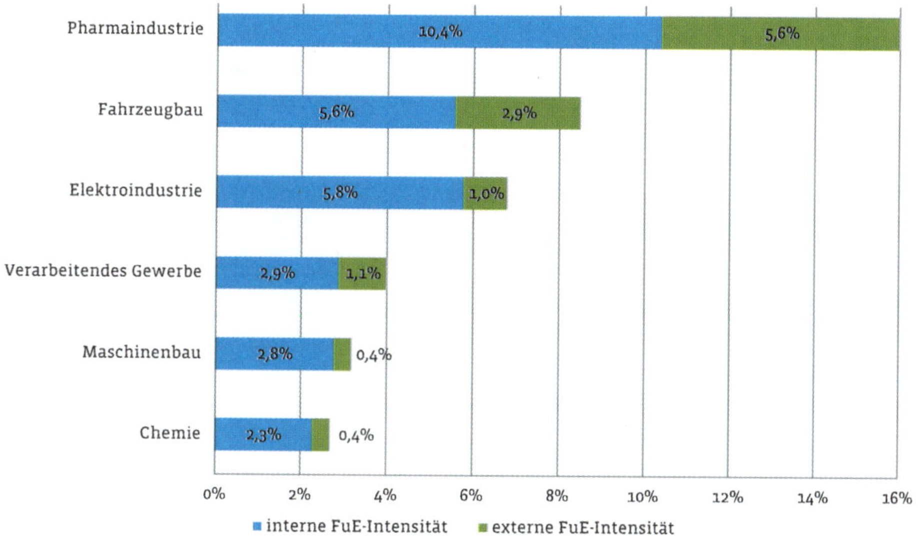

Abb. 19: F&E-Ausgaben in Deutschland im Jahr 2022 als Anteil des Branchenumsatzes (in %)

Quelle: Eigene Darstellung basierend auf BPI Pharma-Daten 2024 wiederum basierend auf Daten des VCI und des Statistischen Bundesamts 2024[18].

Mit Re-Investitionen von rund 16 % vom Branchenumsatz in Forschung und Entwicklung toppt die Pharmabranche den Fahrzeugbau und die Elektroindustrie in Deutschland deutlich. Diese überproportional hohen F&E-Ausgaben liegen in der komplexen, langwierigen und streng regulierten Arzneimittelentwicklung begründet. Deren unterschiedliche Entwicklungsphasen sind in Abbildung 20 übersichtsartig dargestellt.

18 Bundesverband der Pharmazeutischen Industrie e. V. (2024): BPI Pharma-Daten 2024, 54. überarbeitete Auflage, Hamburg.

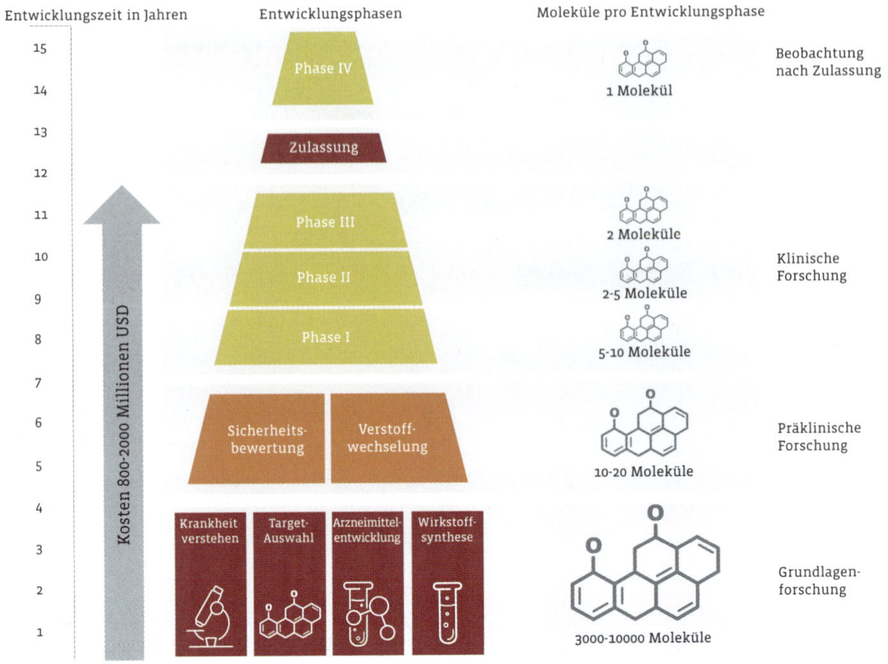

Abb. 20: Vom Labor bis zur Apotheke: Die Phasen der Medikamentenentwicklung

Quelle: Eigene Darstellung basierend auf Novartis[19].

In den meisten Fällen werden Erkrankungen entweder durch Infektionen oder ein fehlerhaftes Zusammenspiel körpereigener Moleküle verursacht (Moleküle sind mehratomige Teilchen wie H_2O (Wasser) oder CO_2 (Kohlenstoffdioxid); Proteine sind besonders große, sogenannte Makromoleküle, die im Krankheitskontext eine wichtige Rolle spielen – z. B. als Antikörper). Im Rahmen der Grundlagenforschung wird zunächst nach Molekülen im menschlichen Körper gesucht, die für das Krankheitsgeschehen von Bedeutung sind und einen therapeutischen Angriffspunkt bieten – sogenannte Targets. Im ersten Schritt der Arzneimittelentwicklung werden daraufhin potenzielle Wirkstoff-Moleküle identifiziert, die mit dem Target-Molekül interagieren und dadurch im Körper Prozesse auslösen, die eine Linderung oder sogar Heilung der jeweiligen Erkrankung bewirken können. Dies erfolgt in der Regel durch ein groß angelegtes Screening von mehreren Millionen Molekülen. Substanzen mit einer relevanten Wirkung werden als „Hits" bezeichnet.

19 Novartis: Entwicklung von neuen Medikamenten. Online: https://klinischeforschung.novartis.de/patienten/allgemeines-zu-klinischen-studien/entwicklung-von-medikamenten/ [abgerufen am 13.5.2025]

An diesen Hit-Molekülen werden chemische Analysen durchgeführt, um die vielversprechendsten zu selektieren und diese durch Target-orientierte Modifikationen zu optimieren. An die Grundlagenforschung schließt sich dann die präklinische Forschung an – die Phase, in der ein Wirkstoff zunächst im Labor und an Tieren getestet wird, bevor er in klinischen Studien am Menschen erprobt werden kann. Dabei muss der Wirkstoff eine ausreichende Wirksamkeit zeigen und gleichzeitig nachweislich ungiftig sein. Zudem wird untersucht, wie die Substanz vom Körper aufgenommen und verstoffwechselt wird. Viele dieser Aspekte lassen sich durch Experimente an Bakterien, Zell- oder Gewebekulturen „in vitro“ (im Reagenzglas) analysieren. Ein Großteil der getesteten Wirkstoffkandidaten scheitert bereits in dieser frühen Entwicklungsphase. Für die verbleibenden schließt sich die klinische Forschung am Menschen und gegebenenfalls Zulassung an, wie bereits in Kapitel 2 im Abschnitt zur evidenzbasierten Medizin beschrieben.

Die KI-gestützte Wirkstoffentwicklung „in silico“ revolutioniert diesen sogenannten DMTA-Zyklus (Design-Make-Test-Analyze), wie in Abbildung 21 vereinfacht dargestellt (die Bezeichnung „in silico“ ist eine Anspielung auf die Tatsache, dass die meisten heutigen Computer-Chips auf der Basis des chemischen Elements Silicium hergestellt werden).

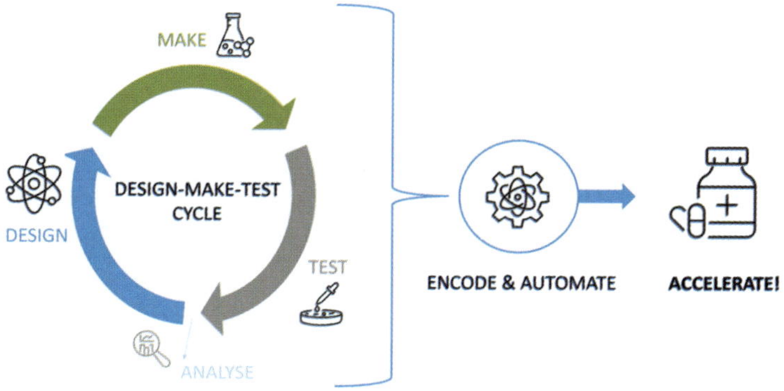

Abb. 21: KI-gestützte Automatisierung des DMTA-Zyklus

Quelle: Eigene Darstellung basierend auf Cox/Wilbraham (2023)[20].

20 Cox, P./Wilbraham, L. (2023): Bridging AI-driven Design and Lab Automation for Accelerated Drug Discovery. Online: https://drive.google.com/file/d/1MO-Erflm4IdUB6SzmiQi8pPxAtSdLJvlk/view?pli=1 [abgerufen am 13.5.2025]

Die KI-gestützte Automatisierung umfasst die Analyse umfassender Datensätze, die Identifikation vielversprechender Target- und Hit-Moleküle, die Modellierung von Wirkstoffdesigns sowie die Simulation biochemischer Reaktionen.

Unternehmen wie **Schrödinger** und **Recursion Pharmaceuticals** zählen zu den Marktführern in diesem Bereich. Beide setzen Algorithmen und maschinelles Lernen ein und ermöglichen pharmazeutischen Unternehmen dadurch, die Wirkstoffentwicklung in relevantem Umfang „in silico" durchzuführen – mit unterschiedlichen Schwerpunkten. Durch die automatisierte Suche nach Hit-Molekülen oder die Vorhersage des Molekülverhaltens am Computer muss im Umkehrschluss weniger Entwicklungsarbeit in der „realen Welt" stattfinden – z. B. als aufwendigeres Laborexperiment. Dadurch können solche Ansätze die Medikamentenentwicklung potenziell enorm beschleunigen und gleichzeitig deutlich kostengünstiger machen. Die Tatsache, dass von tausenden getesteten Wirkstoffkandidaten nur eine einstellige Zahl jemals tatsächlich zur Behandlung eingesetzt wird und in diesem Multimilliarden-Markt ein Großteil der Gewinne wiederum zurück in die Forschung und Entwicklung fließt, unterstreicht das Potenzial entsprechender Geschäftsmodelle.

Die Geschäftsmodelle sind dual strukturiert:

- **Softwarelizenzierung**: Pharmazeutischen und biotechnologischen Unternehmen wird Zugang zur Entwicklungsplattform angeboten. Dies ermöglicht es den Unternehmen ihre eigenen Wirkstoffentwicklungsprozesse zu beschleunigen und Kosten zu sparen.
- **Eigene Medikamentenpipeline**: Eigenentwicklungen werden kooperativ mit Pharmafirmen oder Biotech-Unternehmen vorangetrieben. Die Unternehmen profitieren von Umsatzbeteiligungen, wenn aus der Zusammenarbeit erfolgreiche Medikamente hervorgehen.

Der End-to-End-Anbieter **Recursion** hat im Jahr 2024 mit BioHive-2 den leistungsstärksten Supercomputer der Pharmaindustrie in Betrieb genommen. BioHive-2 zählt branchenübergreifend zu den 100 schnellsten Supercomputern weltweit. Das System verfügt über 504 Grafikprozessoren des

Partnerunternehmens NVIDIA und erreicht eine KI-Leistung von 2 Exaflops. Diese werden z. B. zur Analyse von über 60 Petabyte proprietärer Patientendaten genutzt.

Schrödinger ist neben der Wirkstoffentwicklung auch im Bereich der Materialwissenschaften aktiv, denn: Auch die Materialentwicklung, z. B. für die Luft- und Raumfahrt oder die Energiewirtschaft, beginnt auf molekularer Ebene.

Der Erfolg KI-gestützter Wirkstoffentwicklung hängt von Datenqualität, -umfang und Algorithmusleistung ab. Unzureichende oder unrepräsentative Daten führen zu falschen Ergebnissen. Schwächen in den Modellen könnten langfristig die Erfolgsquote und damit auch den Marktwert beeinträchtigen.

Trotz der Beschleunigung in den frühen Phasen bleibt der Prozess der Arzneimittelentwicklung langwierig und risikobehaftet. Die meisten Medikamente scheitern nach wie vor in der klinischen Phase und auch die besten Modelle können keine absolute Erfolgsquote garantieren. Beide Firmen müssen marktfähige Medikamente entwickeln oder durch Partnerprojekte dauerhafte Einnahmen sichern.

Insgesamt wächst der Markt für die KI-basierte „in silico"-Wirkstoffentwicklung und die Zahl der Unternehmen, die sich hierauf spezialisieren, nimmt zu. Zudem entwickeln sich maschinelles Lernen und Biotechnologie ständig weiter. Um wettbewerbsfähig zu bleiben, müssen Schrödinger und Recursion laufend in die Weiterentwicklung ihrer Plattformen investieren.

Auf einen Blick: Recursion und Schrödinger

Chancen:

- Zugang zu einem wachsenden Markt mit revolutionärem Potenzial.
- Das Geschäftsmodell adressiert essentielle Interessen der Zielgruppe aus der Pharma- und Biotech-Branche. Schrödinger diversifiziert das Geschäftsmodell zusätzlich im Bereich der Materialwissenschaften.
- Potenziell hohe Gewinnchancen bei erfolgreicher Medikamentenentwicklung bei gleichzeitig regelmäßigen Einnahmen aus Partnerschaften und Lizenzierung.

Risiken:

- Unsicherheiten in der Qualität und Realitätsnähe der Modellierungen, die aufgrund des hohen erforderlichen Spezialisierungsgrades der Anwender für fachfremde Investoren kaum nachvollziehbar sind.
- Lange und risikobehaftete Entwicklungszyklen, insbesondere bei Eigenentwicklungen.
- Konkurrenzdruck durch neue Technologien und Mitbewerber.

Behandlung mit der „Genschere"

Die Genschere CRISPR/Cas9, gelegentlich auch als „molekulares Skalpell" bezeichnet, ist eine biotechnologische Revolution in der Genom-Editierung. Der Zungenbrecher „CRISPR" steht für „Clustered Regularly Interspaced Short Palindromic Repeats" oder zu Deutsch „gehäuft auftretende, regelmäßig unterbrochene, kurze Palindrom-Wiederholungen", da DNA-schneidende Proteine häufig sogenannte Palindrom-Abschnitte als Erkennungssequenz, an denen sie das Erbgutmolekül durchtrennen, nutzen.

Entwickelt aus einem natürlichen Abwehrmechanismus von Bakterien gegen Viren, hat CRISPR/Cas9 die Art und Weise, wie Wissenschaftler Gene modifizieren können, radikal verändert. Mit der Methode kann das Erbgutmolekül DNA präzise an einer ganz bestimmten Stelle durchtrennt werden. Der CRISPR-Teil des Systems besteht aus RNA-Sequenzen, die, quasi wie ein Ortungssystem, den Schnittpunkt auf der DNA identifizieren und das Schneideprotein Cas9 gezielt dorthin lenken. Cas9 fungiert dann als „Schere", die den DNA-Strang an der gewünschten Stelle durchtrennt. Nach dem Schnitt können Wissenschaftler entweder gezielt neue Abschnitte einfügen, entfernen oder modifizieren. Auf diese Weise lässt sich das Erbgut sehr viel einfacher und schneller verändern als bisher.

Durch die Fähigkeit, gezielt in das Erbgut einzugreifen, eröffnen sich neue Möglichkeiten zur Behandlung genetischer Erkrankungen. So kann die CRISPR-Technologie für verschiedenste medizinische Anwendungen genutzt werden, darunter:

- **Behandlung genetischer Erkrankungen**: Krankheiten wie Sichelzellanämie oder Mukoviszidose, die durch spezifische genetische Mutationen verursacht werden, könnten durch gezielte Genomeditierung therapiert oder sogar geheilt werden.
- **Krebsimmuntherapien**: CRISPR kann genutzt werden, um Immunzellen so zu modifizieren, dass sie Tumorzellen effektiver angreifen.
- **Organtransplantationen**: Im Bereich der Xenotransplantation, der Übertragung von Geweben und Organen zwischen verschiedenen Spezies, finden sich zunehmend Hinweise darauf, dass Schweine

aufgrund physiologischer Ähnlichkeiten mit dem Menschen die beste alternative Transplantationsquelle darstellen, wenn keine passenden menschlichen Spenderorgane verfügbar sind. Das Hauptproblem der Xenotransplantation sind die Immunbarrieren zwischen Schweinen und Menschen. Durch die genetische Modifikation von Schweineorganen könnten Abstoßungsreaktionen im menschlichen Organismus minimiert werden, wodurch neue Transplantationsmöglichkeiten entstehen.

Ein Unternehmen, das eine Schlüsselrolle in der Weiterentwicklung der CRISPR/Cas9-Technologie mit dem Ziel des medizinischen Einsatzes spielt, ist das Schweizer Biotechnologieunternehmen **CRISPR Therapeutics**. Das Unternehmen wurde im Jahr 2013 gegründet und gehört zu den Pionieren, die CRISPR-basierte Therapien entwickeln. Zu den Mitgründern gehört die Chemienobelpreisträgerin Emmanuelle Charpentier, die als Teil einer Arbeitsgruppe die erste wissenschaftliche Dokumentation zur Entwicklung und zum Einsatz der CRISPR/Cas-Methode erbrachte.

Das Vorzeigeprojekt von CRISPR Therapeutics ist CTX001 (Handelsname: CASGEVY), eine Therapie zur Behandlung von Sichelzellenanämie sowie Beta-Thalassämie, beides angeborene schwere Erkrankungen des Blutes. Die Behandlung basiert auf der Modifikation patienteneigener Blutstammzellen, die mittels Genschere so verändert werden, dass bei Beta-Thalassämie wieder ausreichend Sauerstoff mit dem Blut transportiert wird bzw. die mit der Sichelzellanämie einhergehenden Blutgefäßverstopfungen vermindert werden. Klinische Studien zeigten vielversprechende Ergebnisse, was Ende 2023 zur Zulassung in den USA sowie dem Vereinigten Königreich und Anfang 2024 in der EU führte. Für die onkologische Versorgung entwickelt CRISPR Therapeutics sog. CAR-T-Zelltherapien. Dies sind moderne Krebsbehandlungen, bei denen patienteneigene Immunzellen, die T-Zellen, genetisch modifiziert werden, um spezifische Krebszellen im Körper anzugreifen. Das Unternehmen forscht überdies an der Behandlung weiterer Erbkrankheiten wie Typ-1-Diabetes oder Mukoviszidose.

Prominente Unterstützung bekommt die CRISPR/Cas-Methode zwischenzeitlich von der Alphabet-Tochter Google DeepMind. Deren neues KI-Modell AlphaGenome kann umfassender und genauer vorhersagen, wie sich DNA-

Variationen auf eine Vielzahl biologischer Prozesse auswirken – beispielsweise die Entstehung bestimmter Erkrankungen. Mit anderen Worten: AlphaGenome kann perspektivisch auch dabei helfen, die langfristigen Effekte einer Genomeditierung zu prognostizieren, dadurch die Anwendung der Genschere besser steuern und deren Therapieerfolgsaussichten steigern.

Trotz der vielversprechenden Ergebnisse stellt die CRISPR-Technologie Wissenschaftler und die Gesellschaft vor einige Herausforderungen und ethische Fragen. Eine der größten technischen Herausforderungen der CRISPR-Technologie ist das Risiko sogenannter „Off-Target"-Mutationen. Diese treten auf, wenn CRISPR/Cas9 versehentlich eine falsche Stelle im Genom schneidet, was potenziell unerwünschte Nebenwirkungen verursachen könnte. Natürlich wirft die Möglichkeit das menschliche Genom zu verändern auch grundlegende ethische Fragen auf, insbesondere im Zusammenhang mit sogenannten Keimbahntherapien. Als Keimbahntherapien werden Gentherapien bezeichnet, die darauf abzielen, die Vererbung eines Gendefekts auf die Nachkommen zu verhindern, indem Erbinformationen menschlicher Keimbahnzellen (Spermien oder Eizellen) künstlich verändert werden. Solche Anwendungen sind in vielen Ländern stark reguliert oder, wie in Deutschland, sogar verboten, da unerwünschte Folgen für mögliche Nachkommen nicht sicher ausgeschlossen werden können und die Erforschung solcher Verfahren zudem einen hohen Embryonenverbrauch und Humanexperimente mit eventuell unverantwortbaren Abläufen bedingen könnte.

Auf einen Blick: CRISPR Therapeutics

Chancen:

- **Medizinrevolution**: CRISPR Therapeutics nutzt die revolutionäre Nobelpreis-Technologie CRISPR/Cas9, um genetische Erkrankungen zu behandeln. Die erste CRISPR-basierte Therapie, CASGEVY, erhielt im Dezember 2023 die FDA-Zulassung und zeigt vielversprechende Ergebnisse. Diverse weitere Therapieansätze unter Nutzung der „Genschere" befinden sich in der Pipeline.
- **Starke Partnerschaften**: Das Unternehmen hat bedeutende Kooperationen geschlossen, beispielsweise mit dem Pharmariesen Vertex Pharmaceuticals, dessen globale Kapazitäten im Rahmen der gemeinschaftlichen Entwicklung, Produktion und Vermarktung von CASGEVY genutzt werden.
- **Wachsender Markt für Gentherapien**: Die globale Nachfrage nach gentherapeutischen Behandlungen seltener Krankheiten, Krebserkrankungen & Co. wächst stetig.

Risiken:

- **Hohe Forschungs- und Entwicklungskosten**: Trotz hoher Investitionen in Forschung und Entwicklung sowie der CASGEVY-Zulassung generierte CRISPR Therapeutics in 2024 begrenzte Umsätze, was zu finanziellen Verlusten führte. Dies gilt es durch eine erfolgreiche Vermarktung von CASGEVY sowie die Zulassung der Genscherentherapie für weitere Indikationen zu ändern.
- **Regulatorische und ethische Herausforderungen**: Die Gen-Editierung steht unter strenger regulatorischer und ethischer Beobachtung, was die Markteinführung neuer Therapien verzögern oder in manchen Ländern sogar verhindern könnte.
- **Marktrisiken und Wettbewerb**: Der Biotech-Sektor ist hochvolatil und trotz technologischer Fortschritte können Marktrisiken und der Wettbewerb mit anderen Unternehmen die Kursperformance beeinflussen.

FAZIT UND VERTIEFUNG

Die KI-basierte „in silico"-Wirkstoffentwicklung bietet vielversprechende Möglichkeiten, den Prozess der Arzneimittelentwicklung zu beschleunigen und zu optimieren. Sowohl Schrödinger (WKN: A2PY7M; ISIN: US80810D1037) als auch Recursion Pharmaceuticals (WKN: A3CM1C; ISIN: US75629V1044) haben sich in diesem zukunftsweisenden Bereich erfolgreich positioniert. Ihre Geschäftsmodelle weisen jeweils wiederkehrende Einnahmequellen durch Partnerschaften und Lizenzierungen auf, während ihre eigenen Medikamentenpipelines zusätzliches Umsatzpotenzial bieten. Insgesamt bieten Schrödinger und Recursion für Investoren die Chance auf Beteiligung an einem Wachstumsmarkt mit revolutionärem Potenzial. Jedoch bleibt der Sektor risikobehaftet und Anleger sollten eine langfristige Perspektive und Risikotoleranz mitbringen.

Wissenschaftliche Übersichtsarbeit zur Rolle von künstlicher Intelligenz in der Medikamentenentwicklung:

Die Genschere CRISPR/Cas9 und die Arbeiten von CRISPR Therapeutics (WKN: A2AT0Z; ISIN: CH0334081137) markieren einen Wendepunkt in der modernen Medizin. Durch die Möglichkeit spezifische genetische Anpassungen gezielt vorzunehmen könnte eine neue Ära der personalisierten Medizin eingeläutet werden. CRISPR Therapeutics spielt dabei eine führende Rolle und arbeitet daran, CRISPR-Therapien zur Behandlung genetischer Erkrankungen zu entwickeln, die bisher kaum behandelbar sind. Die Herausforderungen bleiben jedoch beträchtlich. Sowohl technische als auch ethische Fragen müssen adressiert werden, bevor CRISPR-Therapien in großem Umfang verfügbar sein können.

Wissenschaftlicher Bericht zur Behandlung der Sichelzellanämie sowie der Beta-Thalassämie mit der CRISPR/Cas9-Technologie:

Wissenschaftliche Übersichtsarbeit zu Perspektiven der CRISPR/Cas9-Technologie bei Organtransplantationen:

Neues aus der Medizintechnik

Die zunehmende Verbreitung altersbedingter Erkrankungen steigert auch die Nachfrage in der Medizintechnik. Gleichzeitig bringen technologische Fortschritte wie Künstliche Intelligenz und Robotik die Branche mit großen Schritten voran und eröffnen neue Marktchancen. Besonders chancenreich sind innovative Unternehmen, die sich durch Patente Monopolstellungen in bestimmten Nischen sichern können. Auf lange Sicht bieten sich hierdurch nachhaltige Ertragsmöglichkeiten. Patentierte Produkte mit relevanten Alleinstellungsmerkmalen können hohe Margen generieren und wiederkehrende Einnahmen, etwa durch Wartung oder den Verkauf von Verbrauchsmaterialien, sichern. Entsprechende Unternehmen sind außerdem attraktive Übernahmekandidaten für große Medizintechnikkonzerne, was Potenzial für hohe Renditen durch Fusionen und Übernahmen birgt. Die kleinen aber feinen Firmen Novocure und Hyperfine betreiben jeweils ein vielversprechendes Geschäftsmodell, das allen relevanten Stakeholdern gute Argumente liefert – Patienten, Ärzten und Investoren.

Tumor Treating Fields

Tumor Treating Fields (TTFields) sind eine innovative Therapie, die von dem Medizintechnikunternehmen **Novocure** entwickelt wurde, um das Wachstum und die Vermehrung von Krebszellen zu hemmen. Die Technologie wendet physikalische Prinzipien an, um biologische Prozesse zu beeinflussen. Konkret macht sie sich die natürlichen elektrischen Eigenschaften sich teilender Krebszellen zunutze. Im Rahmen der Therapie werden gezielt elektrische Felder eingesetzt, die über externe Elektroden an der betroffenen Körperregion angebracht werden. Die Elektrischen Felder umgeben somit alle elektrisch geladenen Objekte in ihrem Innern, zum Beispiel Krebszellen, und üben Kräfte auf diese aus. Dies stört die Krebszellteilung und verlangsamt so das Wachstum von Tumoren. Gesunde, ruhende Zellen werden nach heutigem Kenntnisstand nicht gestört. Die Therapie ist nicht invasiv und wird in Kombination mit anderen Behandlungen wie Strahlentherapie oder Chemotherapie eingesetzt, was die Attraktivität dieser Therapieoption steigert. Ärzte und Patienten müssen keine Entweder-Oder-Entscheidung treffen und Novocure kommt sich in diesem umkämpften Markt nicht ins Gehege mit Anbietern anderer Therapieoptionen.

Novocure hat es sich zum Ziel gesetzt, TTFields für verschiedene Krebsarten in verschiedenen Ländern zu etablieren und damit die bestehenden Therapieoptionen zu ergänzen. In den USA und Europa sind TTFields bereits für die Behandlung des Glioblastoms, des häufigsten bösartigen Hirntumors bei Erwachsenen, zugelassen. Die elektrischen Felder werden hier wie eine Art Badekappe getragen. In einschlägigen Studien konnte gezeigt werden, dass die Kombination aus TTFields + Temozolomid (ein Chemotherapeutikum zur Behandlung des Glioblastoms) zu besseren Behandlungsergebnissen führt als die alleinige Anwendung des Chemotherapeutikums, sprich: Betroffenen wird zusätzliche Lebenszeit geschenkt. Die Kosten für die TTFields-Therapie werden bei einem neu diagnostizierten Glioblastom in Deutschland, Österreich und der Schweiz unter bestimmten Voraussetzungen von den Krankenkassen erstattet. Darüber hinaus ist die Technologie in den USA und Europa zur Behandlung des Pleuramesothelioms, einer aggressiven Krebserkrankung des Rippenfells, zugelassen. In laufenden Studien werden TTFields bei weiteren Tumorarten getestet, darunter Lungen-, Bauchspeicheldrüsen- und Eierstockkrebs (zu allen genannten Krebsarten befinden sich die Studien bereits in der finalen Phase III).

Krebs ist weltweit eine der häufigsten Todesursachen und der Bedarf an innovativen Therapien zur Bekämpfung dieser Erkrankung wächst stetig. Vor allem bei schwierig zu behandelnden Tumorarten, wie dem Glioblastom, dem Lungen- oder dem Pankreaskarzinom, ist die Nachfrage nach zusätzlichen Therapieoptionen hoch. Novocure hat daher die Gelegenheit genutzt, eine freie Nische im onkologischen Markt zu besetzen, steht hier aber noch ganz am Anfang. Das perspektivische Potenzial besteht in der Ausdehnung des Technologieeinsatzes auf weitere Krebsarten und auf weitere Länder. Sollte TTFields hier Erfolge erzielen und weitere Zulassungen erhalten oder sogar die Erstattungsfähigkeit in den Versicherungssystemen der Zielmärkte ausbauen, könnte dies ein starkes Wachstum für Novocure bedeuten.

Novocure hält eine Reihe von Patenten auf die TTFields-Technologie, was einen gewissen Schutz vor Konkurrenz bietet. Die Stellung als Alleinanbieter von TTFields sichert in den kommenden Jahren voraussichtlich stabile Einnahmequellen. Allerdings sind TTFields auch eine relativ kostenintensive Behandlung. Der Zugang zur Therapie kann durch die Kosten eingeschränkt sein, besonders in Ländern mit weniger umfassender Gesundheitsversorgung. Sollten Versicherungen die Kostenübernahme für TTFields verweigern, kann dies die Marktdurchdringung erschweren. Novocure muss daher sicherstellen, dass die Preisgestaltung im Einklang mit dem klinischen Nutzen der Therapie steht, um eine breite Akzeptanz zu erreichen.

Obwohl TTFields derzeit eine neuartige Technologie darstellt, entwickelt sich die Krebsforschung rasant weiter und es könnte zukünftig zu Konkurrenz durch andere innovative Therapien kommen. Sollte sich eine dieser

Technologien als überlegen oder kosteneffizienter erweisen, könnte die Nachfrage nach TTFields sinken. Auch die Patientenakzeptanz kann zum Hindernis werden, wenn alternative Therapien verfügbar werden. Da TTFields kontinuierlich getragen werden muss, kann die Therapie für Patienten im Alltag umständlich sein. Novocure muss daher darauf achten, die Benutzerfreundlichkeit der TTFields-Geräte kontinuierlich zu verbessern und Patienten möglichst gut zu unterstützen, um die Akzeptanz zu bewahren.

Auf einen Blick: Novocure

Chancen:

- **Wachstumsstarker Markt**: Die Nachfrage nach neuen Krebstherapien wächst weltweit, insbesondere für schwer behandelbare Tumore wie das Glioblastom. TTFields bietet eine innovative Therapieoption, die das Potenzial hat, weitere Märkte zu erschließen.
- **Expansionsmöglichkeiten durch neue Indikationen**: Sollte TTFields für weitere Krebsarten zugelassen werden, könnte Novocure sein Marktvolumen deutlich steigern und neue Umsatzquellen erschließen.
- **Patentschutz und geringe Konkurrenz**: Die patentierte Technologie und die geringe Zahl an Mitbewerbern bieten auf Sicht eine gewisse Sicherheit für stabile Umsätze.

Risiken:

- **Abhängigkeit von Zulassungen und Kostenübernahmen**: Die Expansion ist von erfolgreichen Studien und Zulassungen abhängig. Auch fehlende Kostenübernahmen durch Krankenversicherungen könnten den Umsatz begrenzen.
- **Technologischer Wandel und potenzielle Konkurrenz**: Fortschritte in der Krebsforschung und neue Therapien könnten den Marktwert von TTFields langfristig gefährden.
- **Patientenakzeptanz und Therapietreue**: Gute Ergebnisse können nur solche Therapien erzielen, die von Patienten regelmäßig und wie vorgesehen genutzt werden. Diese sogenannte „Therapietreue" hängt wiederum stark von der patientenseitigen Akzeptanz ab, die bei Ansätzen wie TTFields, die im Alltag einschränken, reduziert sein kann.

Portable MRT-Untersuchungen

Die Magnetresonanztomographie (MRT) ist eines der wichtigsten bildgebenden Verfahren in der Medizin, mit dem detaillierte Bilder des Inneren des Körpers erstellt werden – ganz ohne Röntgenstrahlen. Stattdessen nutzt das MRT elektrische Spulen, die ein starkes Magnetfeld mit pulsierenden Radiowellen erzeugen, um Gewebe und Organe sichtbar zu machen. Beispielsweise hilft die Technologie Tumore zu erkennen, zeigt Schäden an Knorpeln, Bändern oder Muskeln, wird zur Detektion von Herz-Kreislauf-Störungen eingesetzt oder macht Erkrankungen des Gehirns sichtbar. Da sie ohne Strahlenbelastung auskommt, ist die MRT-Bildgebung besonders schonend und wird oft bei langfristigen Gesundheitskontrollen eingesetzt.

Traditionelle MRT-Geräte sind allerdings teuer, immobil und an diverse bauliche sowie infrastrukturelle Voraussetzungen geknüpft (z. B. Starkstromversorgung und Kühlsysteme). In den letzten Jahren hat die Entwicklung kompakterer Technologien den Bau portabler MRT-Geräte ermöglicht und das Potenzial offenbart, die traditionelle MRT-Bildgebung zugänglicher und flexibler zu gestalten. Im Vergleich zu konventionellen Geräten, die auf supraleitenden Magneten mit starken magnetischen Feldern (1,5 bis 3 Tesla) basieren, verwenden portable MRT-Geräte häufig Permanent- oder Elektromagnete mit geringerer Feldstärke (max. 1 Tesla). Dies reduziert die Größe, den Energieverbrauch und die Kosten erheblich. Künstliche Intelligenz spielt hierbei eine entscheidende Rolle: Infolge der geringeren Feldstärke leidet zwar die Bildqualität. Sie kann jedoch künstlich auf ein Niveau aufgewertet werden, das diagnostische Voraussetzungen erfüllt. Die Integration von Cloud-Diensten ermöglicht zudem das Hochladen der Bilddaten in Echtzeit zwecks Telekonsultation ausgewiesener Experten.

Das 2014 gegründete Medizintechnikunternehmen **Hyperfine**, ein Pionier in diesem Segment, hat mit „Swoop" ein portables MRT-Gerät auf den Markt gebracht, das für den Einsatz in vielfältigen Versorgungsumgebungen geeignet ist und die MRT-Bildgebung über die Grenzen von Krankenhäusern und Bildgebungszentren hinaus verfügbar macht – zunächst nur für Hirn-Scans. Die Geräte sind mit nur 0,064 Tesla so konzipiert, dass sie keinerlei elektromagnetischer Abschirmung bedürfen und störungsfrei auch bei Personen mit Herzschrittmachern, Insulinpumpen, Prothesen, sonstigen metallischen Implantaten oder MRT-Kontraindikationen genutzt werden können. Zudem können die Geräte von medizinischem Personal mit minimalem Training bedient werden. Auf diese Weise überwindet die Technologie traditionelle Zugangsbarrieren und ermöglicht die Bildgebung von Patienten, die in ihrer Mobilität eingeschränkt sind, weit entfernt von Bildgebungszentren wohnen oder aus medizinischen Gründen bislang nicht dazu in der Lage waren, ein MRT in Anspruch zu nehmen.

Beispielsweise profitieren am Universitätsklinikum Bonn mittlerweile Frühgeborene von dem System. Manchmal wiegen diese nur wenige Hundert Gramm und sind extrem schwach. Die Beobachtung der Entwicklung des Gehirns ist in dieser Patientengruppe zwar sehr wichtig, der Transport zu stationären MRT-Geräten aber riskant und nicht immer möglich. Swoop kommt direkt zum Patienten ans Bett, benötigt lediglich eine reguläre Steckdose, ist in wenigen Minuten startklar und löst dadurch das Problem. In einer anderweitigen Kooperation mit dem King's College London wird untersucht, inwieweit der Technologieeinsatz zu einer Verbesserung der Gesundheitsversorgung in Entwicklungsländern beiträgt. Aktuell hat 90 % der Weltbevölkerung keinen Zugang zu zeitnaher MRT-Diagnostik. In Anbetracht der im Vergleich zu einem regulären MRT-System deutlich geringeren Investitionskosten (niedriger sechsstelliger Betrag vs. $1 Mio.+), ist Swoop auch hier ein vielversprechender Problemlöser. Perspektivisch birgt die Technologie das Potenzial, eine hochspezialisierte medizinische Leistung in ein breitenwirksames Screening zu transformieren, das z. B. in ambulanten Arztpraxen, Pflegeheimen oder Gemeindezentren angeboten werden kann. Entwickelt für den Einsatz am Point-of-Care, schließt es kritische Versorgungslücken, die herkömmliche MRT-Systeme nicht schließen können.

Das Geschäftsmodell Hyperfine Inc. basiert auf Produktion, Vertrieb und Weiterentwicklung der KI-gestützten portablen MRT-Geräte. Außerdem bieten sie technischen Support und Wartung zur Sicherstellung der Gerätezuverlässigkeit. Der Fokus auf Hirn-Scans ist wirtschaftlich sinnvoll: Über drei Milliarden Menschen sind weltweit von Hirnerkrankungen wie Schlaganfall oder Demenz betroffen. Damit zählen neurologische Störungen inzwischen zur häufigsten Ursache für Krankheit und Behinderung. Die zunehmende Verbreitung von Telemedizin bietet eine ideale Ergänzung für portable MRT-Geräte. Die Integration mit Cloud-Diensten ermöglicht Fernanalysen, was den Einsatz zunehmend unabhängig vom Personal vor Ort macht. Zudem eröffnen portable MRT-Geräte Möglichkeiten in der Forschung, z. B. durch die Untersuchung von Patienten in realen Umgebungen oder schwer zugänglichen Regionen. Hyperfine könnte entsprechende Partnerschaften mit Forschungseinrichtungen und der forschenden Pharmaindustrie eingehen. Swoop erfüllt außerdem wirtschaftliche Interessen, da es MRTs und deren Abrechnung auch dort ermöglicht, wo dies bisher nicht möglich war. Für die Bildgebung des Gehirns ist Swoop bereits in einigen Regionen zugelassen, z. B. in den USA, Europa, dem Vereinigten Königreich, Kanada und Australien. In Europa ist das Geschäftsmodell noch nicht kommerzialisiert.

Doch auch dieses Geschäftsmodell birgt Risiken. Die Bilder portabler MRT-Geräte mit geringer Feldstärke sind möglicherweise nicht für alle Diagnosen geeignet. Swoop muss für die vorgesehenen Anwendungen ausreichend diagnostische Qualität bieten, um Bedenken im Markt und seitens der Zulassungsbehörden zu begegnen. Sollte die Nachfrage in den Bereichen Notfall- und Intensivmedizin sowie unterversorgte Märkte, auf deren Anwendungen sich Hyperfine fokussiert, stagnieren, könnte dies das Wachstum des Unternehmens beeinträchtigen.

Ein wesentliches Risiko ist die Konkurrenz durch etablierte Unternehmen: Große Anbieter wie Siemens Healthineers oder GE Healthcare könnten in den Markt für portable MRT-Geräte eintreten und Hyperfine mit ihrer größeren Ressourcenbasis, ihren bestehenden Partnerschaften und ihrem Netzwerk in der Gesundheitsversorgung herausfordern. Auch besteht eine gewisse technologische Abhängigkeit. Die Innovationsfähigkeit von Hyperfine hängt von der Weiterentwicklung der zugrunde liegenden Technologien, insbesondere der künstlichen Intelligenz, ab. Verzögerungen könnten Wettbewerbsnachteile bedeuten. Die Anfang 2025 bekanntgegebene strategische Partnerschaft mit NVIDIA gibt allerdings Hoffnung, dass die Weiterentwicklung der KI-gestützten Bildrekonstruktion und die Integration in den klinischen Workflow mit großen Schritten voranschreitet. Last, but not least ist die zunehmend seniorige Ärzteschaft nicht immer innovationsfreundlich. Gerade hochinnovative Technologien stoßen oft auf Skepsis und erfordern intensive Aufklärung.

Auf einen Blick: Hyperfine

Chancen:

- **First Mover Advantage**: Hyperfine ist Pionier im Segment der portablen MRT-Geräte und hat einen Vorsprung vor potenziellen Konkurrenten. Der Markt steht noch ganz am Anfang und neben Hirn-Scans können perspektivisch weitere Bereiche erschlossen werden (z. B. MRT des Bauchraums, der Brust, eines Arms oder Beins).
- **Disruptives Potenzial**: Die Kombination aus niedrigen Kosten, Portabilität und unkomplizierter Bedienung könnte traditionelle MRT-Modelle in spezifischen Bereichen ablösen bzw. MRT dort überhaupt erst möglich machen.
- **Stakeholder Value**: Hyperfine schafft Mehrwerte auf unterschiedlichen Ebenen für unterschiedliche Interessengruppen: Aus der betriebswirtschaftlichen Perspektive sind Swoop-Geräte vorteilhaft, da deren Anschaffung und Inbetriebnahme mit deutlich geringeren Investitionskosten einhergeht als klassische MRT-Geräte. Aus der medizinischen Perspektive ermöglichen sie das Angebot einer wichtigen Gesundheitsleistung, wo dies bislang nicht möglich war, und damit auch deren Abrechnung, was wiederum auf die betriebswirtschaftliche Perspektive einzahlt.

Risiken:

- **Hoher Investitionsbedarf**: Forschung, Entwicklung und Marktexpansion erfordern erhebliche finanzielle Ressourcen.
- **Innovationsakzeptanz**: Je höher der Innovationsgrad, desto geringer fällt oft die anfängliche Akzeptanz im bestehenden Markt aus. Das Wachstum könnte dadurch langsamer verlaufen als erwartet.
- **Konkurrenzdruck**: Große Gesundheitsunternehmen wie Siemens Healthineers könnten mit eigenen Lösungen den Wettbewerb intensivieren.

FAZIT UND VERTIEFUNG

Tumor Treating Fields repräsentieren eine neuartige, nicht-invasive Therapie mit großem Potenzial, vor allem im Bereich der schwer behandelbaren Krebserkrankungen. Durch die Möglichkeit der Kombinationstherapie und den Schutz durch Patente besitzt Novocure (WKN: A140ML; ISIN: JE00BYSS4X48) eine starke Marktposition und Wachstumschancen, insbesondere bei erfolgreicher Ausweitung auf weitere Indikationen und Länder. Jedoch bleiben Herausforderungen bestehen: Die Abhängigkeit von regulatorischen Zulassungen, konkurrierende Technologien und Patientenakzeptanz sind ernst zu nehmende Risiken.

EF-14-Studie, auf der die Zulassung für Patienten mit neu diagnostiziertem Glioblastom basierte:

Aktuellere Übersichtsstudie zum Zusammenhang zwischen der TTFields-Therapie und der Überlebenszeit bei neu diagnostiziertem Glioblastom:

Kosten-Nutzen-Studien zur Anwendung der TTFields-Therapie bei neudiagnostiziertem Glioblastom in...

...China:

...Frankreich:

...der Schweiz:

Die Hyperfine Inc. (WKN: A3DBAC; ISIN: US44916K1060) hat mit dem Swoop-Gerät eine disruptive Technologie entwickelt, die den Markt für bildgebende Verfahren revolutionieren könnte. Die Fähigkeit, MRTs zugänglicher und erschwinglicher zu machen, eröffnet erhebliche Marktchancen in den verschiedensten Bereichen, zum Beispiel in unterversorgten Regionen oder der Notfallmedizin. Gleichzeitig birgt die frühe Marktphase Risiken, insbesondere in Bezug auf die Akzeptanz seitens der Ärzteschaft und die Konkurrenz seitens etablierter Akteure.

Studie zur Verbreitung von Erkrankungen des Nervensystems:

Wissenschaftlicher Bericht zu den Chancen und Herausforderungen des Einsatzes von Niedrigfeld-MRT-Systemen:

Studie zum Swoop-Einsatz bei Patienten auf Intensivstation:

Studie zum Swoop-Einsatz zur Beurteilung von Hirnblutungen:

Wissenschaftlicher Bericht zum Swoop-Einsatz in einem umgebauten Transporter:

YouTube-Video auf dem Kanal von TEQ Capital „Mobile und Bezahlbare MRT Technologie | Hyperfine CEO Interview | 10xDNA":

Exchange Traded Funds (ETF)

Stabilität ins Depot mit einem Healthcare-ETF

Healthcare-ETFs bieten Anlegern eine kosteneffiziente Möglichkeit, breit gestreut in den Gesundheitssektor zu investieren. Enthalten sind Unternehmen aus den Bereichen Pharmazie, Biotechnologie, Medizintechnik und Gesundheitsdienstleistungen. Aufgrund der stabilen Nachfrage nach Gesundheitsleistungen gelten Healthcare-ETFs als vergleichsweise krisenresistent und langfristig attraktiv. Historisch hat sich der Gesundheitssektor bereits als widerstandsfähig gegenüber wirtschaftlichen Abschwüngen gezeigt. Gründe dafür sind:

- **Demografischer Wandel**: Eine weltweit alternde Weltbevölkerung führt zu einer konstant hohen Nachfrage nach medizinischen Produkten und Dienstleistungen.
- **Unabhängigkeit von Konjunkturzyklen**: Gesundheitsausgaben werden oft als unverzichtbar angesehen, was den Sektor weniger anfällig für konjunkturelle Schwankungen macht.
- **Innovationen**: Kontinuierliche Fortschritte in der Medizin- und Biotechnologie sorgen für langfristiges Wachstum.

In Krisenzeiten, wie während der COVID-19-Pandemie, zeigten viele Healthcare-ETFs überdurchschnittliche Stabilität. Unternehmen im Bereich Impfstoffe, Diagnostik und Intensivmedizin profitierten direkt von der globalen Gesundheitskrise.

Zu den gängigen Indizes, die von Healthcare-ETFs abgebildet werden, gehören der MSCI World Health Care Index oder der S&P Global Health Care Index. Die Performance von Healthcare-ETFs variiert je nach Index und den darin enthaltenen Unternehmen. In den letzten zehn Jahren haben viele Healthcare-ETFs eine durchschnittliche jährliche Rendite von etwa 8–10 % erzielt. Faktoren wie die wachsende Nachfrage nach innovativen Therapien und Medikamenten sowie steigende Gesundheitsbudgets in Entwicklungsländern tragen zu dieser positiven Entwicklung bei. Beispiele sind der Xtrackers MSCI World Health Care ETF (WKN: A113FD; ISIN: IE00BM67HK77) oder der iShares S&P 500 Health Care Sector UCITS ETF (WKN: A142NZ; ISIN: IE00B43HR379).

Im Vergleich zu zyklischen Sektoren (z. B. Energie oder Konsumgüter) bieten Healthcare-ETFs oft ein besseres Risiko-Rendite-Verhältnis, da der Gesundheitssektor aus den genannten Gründen weniger volatil ist. Ihre Performance ist jedoch in der Regel moderater als die von Technologie-ETFs.

Zu den typischen Risiken zählt auch hier die Regulatorik, da Änderungen in der Gesundheitsgesetzgebung die Margen von Unternehmen erheblich beeinflussen können. Auch die Konzentration auf wenige große Player wie Eli Lilly, Johnson & Johnson oder die UnitedHealth Group sowie wenige Länder, insbesondere die USA, bergen ein gewisses Klumpenrisiko.

Mit Themen-ETFs in spezielle Healthcare-Trends investieren

Wer dieses Buch liest und sich für chancenreiche Investments im Umfeld der Gesundheitsversorgung interessiert, wird vermutlich eher zu Einzelaktien tendieren. Dennoch finden sich der Vollständigkeit halber nachfolgend ein paar Hinweise auf Themen-ETFs, die versuchen spezielle Trends in diesem Bereich abzubilden:

- Der **Global X Aging Population ETF** (WKN: A2DVUF; ISIN: US37954Y7720) investiert in Unternehmen, die die Bedürfnisse der weltweit wachsenden älteren Bevölkerung bedienen. Hierzu zählen Unternehmen aus den Bereichen Pharmazie, Medizintechnik und Seniorenwohnen.
- Der **iShares Healthcare Innovation ETF** (WKN: A2ANH2; ISIN: IE00BYZK4776) investiert in Unternehmen, die den Fortschritt medizinischer Diagnose- und Behandlungsverfahren voranbringen.
- Der **iShares Nasdaq US Biotechnology ETF** (WKN: A2DWAW; ISIN: IE00BYXG2H39) investiert in ein Portfolio, das sich am NASDAQ Biotechnology Index orientiert. Enthalten sind Unternehmen aus der Biotech-Branche wie Gilead Sciences oder Amgen.
- Der **iShares US Medical Devices ETF** (WKN: A2P64W; ISIN: IE00BMX0DF60) bildet den Dow Jones U.S. Select Medical Equipment Capped 35/20 Index ab, der Unternehmen wie Stryker, Medtronic oder Intuitive Surgical aus dem Medizintechniksektor enthält.

HINWEIS

Achtung: Die genannten ETFs unterliegen stärkeren Schwankungen als klassische Healthcare-ETFs.

FAZIT UND VERTIEFUNG

In der Gesamtschau stellen Healthcare-ETFs eine attraktive Anlagemöglichkeit für langfristig orientierte Anleger dar, die Stabilität und solides Wachstum suchen. Ihre krisenresistente Natur, gekoppelt mit den Wachstumschancen durch Innovationen und demografische Trends, macht sie zu einem wichtigen Bestandteil diversifizierter Portfolios, mit dem die teils enorme Volatilität chancenorientierter Einzelaktien aus dem Gesundheitssektor ausgeglichen werden kann.

Dennoch sollten Anleger die Konzentrationsrisiken und regulatorischen Unsicherheiten im Auge behalten.

YouTube-Video auf dem Kanal von Moritz Hessel „Rezessionssichere Aktien: Das ist der ultimative Guide [Für jeden Investor wichtig!]“:

YouTube-Video auf dem Kanal von Moritz Hessel „Aktien 2025: Megatrends der Dekade | Teil 2“:

Jetzt hast du das Gesundheitswesen umfassend kennengelernt und weißt alles, was man als Healthcare-Investor wissen muss. Ich hoffe, du hattest eine spannende Lektüre, hast das eine oder andere gelernt und wünsche dir viel Erfolg beim Investieren!

6 Long story short

Für Lesemuffel und Investoren, die nur wenig Zeit haben, findet sich nachfolgend eine kompakte Zusammenfassung wesentlicher Erkenntnisse aus den vorangehenden Kapiteln. Um dich dabei zu unterstützen, direkt ins Tun zu kommen, findest du im Anschluss eine praktische Checkliste, die dir hilft, das Gelernte konkret umzusetzen. Egal ob du noch einmal reflektieren oder direkt loslegen willst: Dieses Kapitel ist dein Sprungbrett vom Wissen ins Handeln.

Key Learnings

Kapitel 1: Gesundheit – ein kostbares Gut

Gesundheit ist ein vielschichtiges Konzept, das körperliches und geistiges Wohlbefinden umfasst. Die Redewendung „Ein gesunder Geist in einem gesunden Körper" verdeutlicht, dass psychische und physische Gesundheit in einem wechselseitigen Verhältnis stehen. Körperliche Erkrankungen können psychische Leiden nach sich ziehen und umgekehrt beeinflussen psychische Störungen häufig den Verlauf körperlicher Krankheiten. Dennoch ist eine klare Abgrenzung zwischen physischen und psychischen Erkrankungen wichtig, da sie unterschiedliche Ursprünge haben können und voneinander abweichende Behandlungsansätze erfordern.

Die individuelle Versorgung mit Gesundheitsleistungen lässt sich grob in drei Bereiche gliedern: Prävention, Kuration und Palliation. Prävention wird weiter unterteilt in Primärprävention (Verhinderung der Entstehung von Krankheiten), Sekundärprävention (Früherkennung von Krankheiten) und Tertiärprävention (Verhinderung des Fortschreitens und der Folgen bestehender Erkrankungen). Kuration zielt auf die Heilung ab, während Palliation bei unheilbaren Krankheiten die Lebensqualität durch Symptomlinderung verbessert. Diagnostik ist dabei in allen Phasen essenziell: Sie ermöglicht die Früherkennung, die genaue Differenzierung von Erkrankungen sowie die Auswahl passender Behandlungsstrategien.

Die Beschäftigung mit Gesundheit auf einer kollektiven Ebene, auch als „Volksgesundheit", „öffentliche Gesundheit" oder „Public Health" bekannt, hat sich über die Jahrzehnte erheblich gewandelt. In der ersten Hälfte des 20. Jahrhunderts standen Infektionskrankheiten im Mittelpunkt, deren Verbreitung durch Impfprogramme, Antibiotika und verbesserte Hygiene deutlich eingedämmt wurde. Heute liegen in den Industrienationen chronische Erkrankungen wie Herz-Kreislauf-Erkrankungen, Diabetes, Krebs und psychische Leiden im Fokus. Bewegungsmangel, Fehlernährung, Stress sowie Umweltfaktoren sind entscheidende Einflussfaktoren für diese Entwicklung. Psychische Erkrankungen, die lange Zeit unterschätzt wurden, treten zunehmend in den Vordergrund und werden als eigenständige Herausforderung für die öffentliche Gesundheit erkannt. Für die Zukunft der Volksgesundheit zeichnen sich mehrere Trends ab: Der demografische Wandel mit einer alternden Bevölkerung, die Auswirkungen des Klimawandels auf die Gesundheit, die Zunahme psychischer Belastungen sowie die Chancen und Risiken der Digitalisierung werden das Krankheitsgeschehen prägen. Prävention, frühzeitige Diagnostik, nachhaltige Gesundheitsförderung und resiliente Gesundheitssysteme werden entscheidend sein, um die Gesundheit auf Bevölkerungsebene zu sichern und zu verbessern.

Im Verhältnis zur Gesundheitsbranche nimmt die Lifestylebranche eine verwandte und doch abgrenzbare Rolle ein. Während die Gesundheitsbranche primär auf die Prävention, Diagnose, Behandlung und Rehabilitation konkreter Krankheiten ausgerichtet ist, zielt die Lifestylebranche auf die generelle Steigerung des Wohlbefindens, der Leistungsfähigkeit und der äußeren Attraktivität ab – oft auch jenseits medizinischer Notwendigkeit. Fitness, Wellness, gesunde Ernährung und Anti-Aging sind typische Themenfelder der Lifestylebranche. Trotz unterschiedlicher Schwerpunkte existieren zahlreiche Überschneidungen: Gesundheitsförderliche Maßnahmen wie Bewegung, gesunde Ernährung oder Stressbewältigung stammen oft aus dem Lifestylebereich und haben gleichzeitig medizinische Relevanz. Die Herausforderung besteht darin, medizinische Notwendigkeiten und Lifestyle-Angebote klar zu trennen, ohne die positiven Effekte der gegenseitigen Befruchtung zu verlieren.

Kapitel 2: Das Geschäft mit der Gesundheit

Die Gesundheitswirtschaft ist international von herausragender ökonomischer Relevanz. Sie zählt zu den größten und dynamischsten Sektoren der Weltwirtschaft und umfasst weit mehr als die klassische medizinische Versorgung. Neben Krankenhäusern, Arztpraxen, Apotheken und Pflegeeinrichtungen gehören auch Pharmaunternehmen, Medizintechnikhersteller, digitale Gesundheitsdienstleister sowie Anbieter von Prävention und Rehabilitation dazu. In industrialisierten Volkswirtschaften trägt die Gesundheitsbranche zwischen 8 und 18 Prozent zum Bruttoinlandsprodukt (BIP) bei und schafft Millionen von Arbeitsplätzen. Gleichzeitig fungiert sie als Innovationsmotor, insbesondere im Bereich der Digitalisierung und Biotechnologie.

Zentrale Akteure in der medizinischen Versorgung sind traditionell Ärzte, sonstige Therapeuten und Pflegekräfte, eingebettet in eine Infrastruktur aus Arztpraxen, Krankenhäusern, Apotheken und Laboren. Auch neue Akteure wie Telemedizin-Plattformen, medizinische Technologieanbieter und organisierte Versorgungsnetzwerke prägen die moderne Patientenversorgung. Versicherungen und Kostenträger, sowohl staatlich als auch privat, spielen eine zentrale Rolle bei der Steuerung des Zugangs zu medizinischen Leistungen und bei deren Finanzierung. Hinter den Kulissen agieren gesundheitspolitische „Strippenzieher", die den gesetzlichen und organisatorischen Rahmen der Gesundheitsversorgung gestalten. Dazu zählen Ministerien, Aufsichtsbehörden, internationale Organisationen wie die WHO, große Berufsverbände sowie Lobbygruppen der Pharmaindustrie und der Medizintechnik. Auch Patientenvertretungen und Nichtregierungsorganisationen gewinnen zunehmend Einfluss. Diese Akteure wirken nicht nur auf nationale Gesundheitsreformen hin, sondern beeinflussen auch globale Standards und Strategien, etwa im Umgang mit Pandemien oder Antibiotikaresistenzen.

Ein fundamentales Prinzip moderner Gesundheitsversorgung ist die evidenzbasierte Medizin (EbM). Ihr Ziel besteht darin, medizinische Entscheidungen auf der bestverfügbaren wissenschaftlichen Evidenz, der klinischen Erfahrung der Behandler und den individuellen Wünschen und Bedürfnissen der Patienten zu gründen. EbM stellt sicher, dass Therapien und Diagnosen nicht auf Tradition oder persönlicher Intuition basieren, sondern auf methodisch hochwertigen Studien. Den medizinischen Versorgungsalltag beeinflusst dieses Konzept dahingehend, dass es die Grundlage für Behandlungsleitlinien, definierte Standards und Qualitätssicherungssysteme bildet.

Die Gesundheitswirtschaft ist weltweit einem strengen Regulierungsrahmen unterworfen. Regulierungen betreffen nahezu alle Bereiche: von der Zulassung neuer Arzneimittel und Medizingeräte über Datenschutzbestimmungen zum Umgang mit Patientendaten bis hin zu Qualitätsanforderungen für Leistungserbringer. Diese Regulierung dient primär dem Schutz der Patienten und der öffentlichen Gesundheit, stellt aber für Unternehmer zugleich eine erhebliche Herausforderung dar. Wer innovative Produkte oder Dienstleistungen entwickeln und vertreiben möchte, muss komplizierte Genehmigungsprozesse, klinische Prüfungen und umfassende Dokumentationspflichten bewältigen. In einem internationalisierten Market Access-Prozess ist zudem die Berücksichtigung unterschiedlicher nationaler Vorschriften unabdingbar.

Trotz vieler Gemeinsamkeiten bestehen international relevante Unterschiede in den Gesundheitssystemen. Während beispielsweise die USA ein überwiegend privat organisiertes System mit hohem Kostendruck und großer Innovationskraft unterhalten, setzen Länder wie Großbritannien oder Skandinavien auf weitgehend staatlich finanzierte Modelle mit Fokus auf flächendeckende Versorgung. Deutschland und andere mitteleuropäische Staaten bewegen sich in einem hybriden System zwischen gesetzlicher Versicherungspflicht und privaten Angeboten. Auch beim Zugang zu innovativen Therapien, der Digitalisierung im Gesundheitswesen und den Prioritäten im Bereich der Prävention zeigen sich teils erhebliche Differenzen. Solche Unterschiede prägen nicht nur die nationale Gesundheitspolitik, sondern auch die internationalen Geschäftsstrategien von Unternehmen der Gesundheitsbranche.

Kapitel 3: Trend is your Friend

Das Gesundheitswesen befindet sich in einem tiefgreifenden Wandel, getrieben von mehreren Megatrends, die seine Zukunft maßgeblich prägen. Einer der bedeutendsten Trends ist die **Silver Society**. Durch den demografischen Wandel steigt der Anteil älterer Menschen an der Bevölkerung stetig. Diese Entwicklung führt zu einer höheren Nachfrage nach altersgerechter medizinischer Versorgung, Präventionsprogrammen und innovativen Betreuungsmodellen. Gleichzeitig wächst die Bedeutung von Technologien und Dienstleistungen, die die Selbstständigkeit und Lebensqualität im Alter erhalten.

Parallel dazu verändert **Digital Health** die Art und Weise, wie Gesundheitsdienstleistungen erbracht und genutzt werden. Mobile Gesundheits-Apps, Wearables, Telemedizin und elektronische Patientenakten verbessern den Zugang zur Versorgung, fördern die Eigenverantwortung der Patienten und eröffnen neue Möglichkeiten für Diagnostik und Therapie – oft unabhängig von Ort und Zeit. Besonders durch die Pandemie wurde der Ausbau der digitalen Gesundheitsinfrastruktur stark beschleunigt und zunehmend akzeptierter Bestandteil des Versorgungsalltags.

Eng verbunden mit der Digitalisierung ist der rasante Fortschritt im Bereich **Health AI**. Künstliche Intelligenz revolutioniert Diagnostik, Therapieentscheidungen und Forschungsprozesse. Algorithmen können medizinische Bilder in Sekundenschnelle auswerten, Krankheitsverläufe prognostizieren und Ärzte bei der Behandlung und Behandlungsdokumentation unterstützen. Gleichzeitig entstehen ethische und regulatorische Herausforderungen, etwa im Hinblick auf Datenschutz, die Zulassung von selbstlernenden und sich selbständig weiterentwickelnden Systemen sowie haftungsrechtliche Fragen.

Ein weiterer prägender Trend ist die **Personalisierte Medizin**, die medizinische Behandlungen zunehmend auf die genetischen, biologischen und lebensstilbedingten Besonderheiten einzelner Patienten zuschneidet. Fortschritte in der Genomforschung und Datenanalyse ermöglichen individualisierte Therapien, die effektiver und oft nebenwirkungsärmer sind als konventionelle Ansätze. Diese Entwicklung verändert nicht nur die Behandlung von Krankheiten, sondern auch deren Prävention und Früherkennung.

Auch die gesellschaftliche Fokussierung auf das Thema **Mental Health** reißt nicht ab. Im Gegenteil: Psychische Gesundheit wird zunehmend als essenzieller Bestandteil des allgemeinen Wohlbefindens anerkannt. Der Bedarf an präventiven Angeboten, niedrigschwelligen Beratungsdiensten und therapeutischer Unterstützung wächst rasant. Digitalisierung und Entstigmatisierung haben hier neue Wege eröffnet, etwa durch Online-Therapien oder Mental-Health-Apps, die den Zugang zur psychischen Gesundheitsversorgung erleichtern.

Abschließend gewinnt der Trend der **Longevity** – also der gezielten Verlängerung gesunder Lebensjahre – zunehmend an Bedeutung. Wissenschaft und Technologie arbeiten intensiv daran, Alterungsprozesse besser zu verstehen und zu beeinflussen. Erklärtes Ziel ist nicht nur, die Lebenserwartung zu steigern, sondern auch die Lebensqualität im Alter aufrechtzuerhalten. Innovationen aus Bereichen wie regenerativer Medizin und Präventivmedizin tragen dazu bei, Krankheiten des Alterns hinauszuzögern oder gar zu verhindern.

Diese Megatrends lassen vermuten, dass das Gesundheitswesen künftig stärker personalisiert, digital vernetzt und präventiv in Bezug auf Körper und Geist ausgerichtet sein wird. Die Nachfrage nach Gesundheitsleistungen reißt im Zuge des demografischen Wandels nicht ab, sondern nimmt aufgrund der Korrelation zwischen Alter und medizinisch-pflegerischem Versorgungsbedarf voraussichtlich weiter zu. Gute Aussichten also für langfristig orientierte Investoren.

Kapitel 4: Besonderheiten beim Investieren im Gesundheitswesen

Das Investieren in Aktien aus dem Gesundheitswesen zeichnet sich durch einige Besonderheiten aus, die Anleger beachten sollten. Ein zentrales Thema ist die **Prognostizierbarkeit** wesentlicher Entwicklungen im Gesundheitsmarkt. Generell gilt der Sektor als stabil, da Gesundheit zu den menschlichen Grundbedürfnissen zählt, die unabhängig von wirtschaftlichen Schwankungen Bestand haben. Megatrends wie die alternde Bevölkerung, der medizinisch-technologische Fortschritt und der digitale Zugang zu Gesundheitsdienstleistungen sorgen für langfristig vorhersehbare Wachstumsimpulse. Dennoch können einzelne Innovationen, regulatorische Veränderungen oder politische Entscheidungen, etwa über Arzneimittelpreise, den Marktverlauf kurzfristig schwer kalkulierbar machen.

Die **Kursvolatilität** von Aktien aus der Gesundheitsbranche variiert je nach Teilbereich erheblich. Große Pharma- und Medizintechnikkonzerne sind in der Regel weniger volatil als innovative Technologieunternehmen, bei denen Studienergebnisse oder Zulassungsentscheidungen zu massiven Kursausschlägen führen können. Insgesamt bietet die Branche jedoch eine gewisse Grundstabilität, insbesondere verglichen mit zyklischen Industrien wie der Automobilbranche. Anleger sollten sich der potenziell hohen Schwankungen bewusst sein, insbesondere bei jungen oder forschungsintensiven Unternehmen.

Ein wichtiger Vorteil des Gesundheitswesens sind die sogenannten **Burggräben**, also nachhaltige Wettbewerbsvorteile. Patente auf neue Arzneimittel und Medizinprodukte, regulatorische Zulassungshürden, hohe Wechselkosten (insbesondere bei kostenintensiven Geräten in Kliniken und Arztpraxen, die über viele Jahre abgeschrieben werden) sowie eine Verankerung in den Köpfen der Behandler durch Aufnahme in Behandlungsleitlinien schaffen Eintrittsbarrieren für Wettbewerber. Besonders große Pharmaunternehmen und spezialisierte Medizintechnikfirmen verfügen oft über breite Produktportfolios, starke Marken und etablierte Vertriebsnetze, die es neuen Marktteilnehmern schwer machen, Boden zu gewinnen. Diese Burggräben können für Investoren eine wichtige Absicherung gegen Marktrisiken darstellen.

Die Gesundheitsbranche bietet zudem enorme **Innovationspotenziale**. Bereiche wie Biotechnologie, personalisierte Medizin, digitale Gesundheitslösungen oder Künstliche Intelligenz in Diagnostik und Therapie entwickeln sich rasant. Unternehmen, die bahnbrechende Technologien oder neue Behandlungsmethoden auf den Markt bringen, haben die Chance auf überdurchschnittliches Wachstum und hohe Renditen. Gleichzeitig ist das Innovationsrisiko hoch, da nicht jede vielversprechende Entwicklung alle Hürden, etwa langwierige Zulassungsstudien, nehmen und sich im Markt durchsetzen kann.

Die **Wachstumsgeschwindigkeit** innerhalb der Branche ist sehr unterschiedlich. Während etablierte Pharma- und Medizintechnikkonzerne oft ein eher moderates, aber stetiges Wachstum aufweisen, können kleinere Biotech-Start-ups oder Digital-Health-Unternehmen in kurzer Zeit exponentiell wachsen – allerdings begleitet von entsprechend hohen Risiken. Auch die Erschließung neuer Märkte in Schwellenländern trägt dazu bei, dass Gesundheitsunternehmen in den kommenden Jahren attraktive Wachstumschancen haben.

Schließlich ist die langfristige **Zukunftsfähigkeit** von Geschäftsmodellen im Gesundheitswesen ein entscheidendes Kriterium für Investoren. Modelle, die auf nachhaltige Trends wie Prävention, personalisierte Medizin, Digitalisierung oder Kosteneffizienz im Gesundheitssystem setzen, gelten als besonders aussichtsreich. Unternehmen, die es schaffen, innovative Lösungen mit einem hohen medizinischen Nutzen zu entwickeln, gleichzeitig die regulatorischen Anforderungen zu meistern und nachvollziehbar einen Beitrag zur finanziellen Entlastung der jeweiligen Zielgruppe bzw. des Gesamtsystems zu leisten, sind gut positioniert, um langfristig erfolgreich zu sein. Insbesondere Akteure, die technologische Entwicklungen sinnvoll integrieren, dürften in einem sich wandelnden Marktumfeld auch künftig wachsen.

Kapitel 5: Das einzige Healthcare-Portfolio, das Du kennen musst

Das Gesundheitswesen bietet ein chancenreiches Umfeld für langfristige Investments, getrieben durch Innovation, demografischen Wandel und steigende Gesundheitsausgaben. Einige Nischen innerhalb dieser Wachstumsbranche sind aktuell besonders vielversprechend, allerdings immer auch verbunden mit spezifischen Risiken.

Der deutsche Online-Apotheken-Markt (Redcare Pharmacy & DocMorris): Der Online-Apothekenmarkt in Deutschland wächst rasant, insbesondere durch die verbindliche Einführung des elektronischen Rezepts im Jahr 2024, welches das Papierrezept abgelöst hat. Redcare Pharmacy (ehemals Shop Apotheke; WKN: A2AR94; ISIN: NL0012044747) und DocMorris (WKN: A0Q6J0; ISIN: CH0042615283) gelten als führende Player. Chancen ergeben sich durch das enorme Skalierungspotenzial, wachsende Marktanteile gegenüber stationären Apotheken und die generelle Digitalisierung des deutschen Gesundheitswesens. Risiken liegen insbesondere in regulatorischen Markteingriffen, möglichen Preiskämpfen sowie der starken Abhängigkeit von politischen Entscheidungen.

Telemedizinische Versorgung in den USA (Teladoc Health): Teladoc (WKN: A14VPK; ISIN: US87918A1051) ist ein führender Anbieter telemedizinischer Dienstleistungen (Videosprechstunde & Co.) in den USA. Das Unternehmen profitiert von einer langfristigen Verschiebung hin zu digitaler Gesundheitsversorgung, insbesondere nach der Pandemie. Die Chancen liegen in der breiteren Akzeptanz von Telemedizin, der Expansion in neue Therapiebereiche und der KI-gestützten Automatisierung von Versorgungsprozessen. Allerdings agiert Teladoc in einem wettbewerblich stark umkämpften Umfeld und verspielte das Investoreninteresse durch seine teils enttäuschende Profitabilität.

Radioaktive Komponenten in der Medizin (Eckert & Ziegler): Eckert & Ziegler (WKN: 565970; ISIN: DE0005659700) beliefert die Medizinbranche mit radioaktiven Komponenten für die Krebsdiagnostik und -therapie. Das Unternehmen profitiert vom Trend zu präziseren bildgebenden Verfahren und zielgerichteter Strahlentherapie. Wachstumstreiber sind neue Therapieansätze und die steigende Nachfrage nach Radiopharmazeutika. Risiken finden sich in der Komplexität der Produktion und der potenziellen Konkurrenz durch Innovationen in der Krebstherapie.

Specialty Pharma (Medios): Medios (WKN: A1MMCC; ISIN: DE000A1MMCC8) ist auf die Versorgung von Patienten mit seltenen und komplexen Erkrankungen spezialisiert. Das Unternehmen profitiert von der wachsenden Nachfrage nach maßgeschneiderten Therapien und steigenden Preisen im Specialty-Pharma-Segment. Chancen liegen in der Skalierung über neue Partnerschaften und neue Indikationsbereiche. Riskant sind die Abhängigkeit von wenigen hochpreisigen Therapien sowie mögliche regulatorische Preisregulierungen.

In silico-Wirkstoffentwicklung (Schrödinger & Recursion Pharmaceuticals): Die Unternehmen Schrödinger (WKN: A2PY7M; ISIN: US80810D1037) und Recursion Pharmaceuticals (WKN: A3CM1C; ISIN: US75629V1044) nutzen künstliche Intelligenz zur Optimierung der Arzneimittelentwicklung. Dies umfasst auch die Simulation von Experimenten am Computer, also „in silico". Das Potenzial liegt in der drastischen Verkürzung der Entwicklungszeiten und der Senkung der Entwicklungskosten neuer Medikamente – ein Betätigungsfeld, das derzeit Unmengen von Zeit und Geld verschlingt. Das Hauptrisiko bleibt die Unsicherheit, ob und wann die sich hieraus ergebenden Wirkstoffentwicklungen tatsächlich in marktfähige Arzneimitteltherapien münden.

Behandlung mit der Genschere (CRISPR Therapeutics): Das Schweizer Unternehmen CRISPR Therapeutics (WKN: A2AT0Z; ISIN: CH0334081137) zählt zu den Pionieren im Bereich der Genom-Editierung mittels der CRISPR/Cas9-Technologie. Die Chancen sind gewaltig: Die Möglichkeit, genetische Krankheiten direkt an ihrer Wurzel zu behandeln oder gar zu heilen, könnte die Medizin revolutionieren. Erste Produkte wie Casgevy gegen Sichelzellenanämie und Beta-Thalassämie sind bereits von der FDA zugelassen und werden gemeinsam mit dem kooperierenden Pharmariesen Vertex Pharmaceuticals vermarktet. Gleichzeitig sind die Risiken einer Investition beachtlich: hohe Entwicklungskosten, ethische Bedenken und eine wachsende Konkurrenz fordern das Unternehmen heraus.

Tumor Treating Fields (Novocure): Novocure (WKN: A140ML; ISIN: JE00BYSS4X48) entwickelt Therapien auf Basis elektrischer Felder zur Behandlung bestimmter Tumorarten, etwa Glioblastomen. In Kombination mit bestehenden Therapieformen kann diese nicht-invasive Behandlungsmethode Betroffenen wertvolle Lebenszeit schenken. Chancen bestehen in der Ausweitung auf neue Indikationen, also weitere Krebsarten, der Erschließung weiterer Regionen und der möglichen Standardisierung als Ergänzungstherapie. Risiken resultieren aus der langsamen Adoption durch Ärzte, kostspieligen Studien und der bisherigen Fokussierung auf nur wenige Krebsarten.

Portable MRTs (Hyperfine): Hyperfine (WKN: A3DBAC; ISIN: US44916K1060) entwickelt portable Magnetresonanztomographen, die eine schnelle, unkomplizierte und kostengünstige Bildgebung direkt am Patientenbett und auch außerhalb von Krankenhäusern ermöglichen. Das Potenzial liegt in der Demokratisierung der MRT-Technologie, insbesondere in Notaufnahmen, ländlichen Regionen und Entwicklungsländern. Herausforderungen bestehen jedoch in der noch begrenzten Bildqualität im Vergleich zu stationären Geräten sowie in der schwierigen Marktdurchdringung im konservativen Medizinmarkt.

Healthcare-ETFs bieten eine breitere Streuung in der Gesundheitsbranche und reduzieren das Einzelwertrisiko, das bei innovativen und volatilen Einzeltiteln wie Schrödinger, Hyperfine oder CRISPR Therapeutics deutlich spürbar ist. Sie bilden insbesondere die Wertentwicklung großer Pharma-, Medizintechnik- und Biotech-Konzerne sowie großer Krankenhaus- und Krankenversicherungsunternehmen ab, während die hier vorgestellten „Newcomer“ entweder gar nicht oder nur in sehr geringer Gewichtung enthalten sind. Wer gezielt von disruptiven Trends im Gesundheitswesen profitieren möchte, findet in Einzelaktien potenziell höhere Renditechancen, muss dafür aber auch eine höhere Volatilität und ein größeres Risiko akzeptieren. Healthcare-ETFs eignen sich daher gut als Basisinvestment, während Einzeltitel gezielt eine offensive Beimischung im Sinne einer Core-Satellite-Strategie darstellen können.

Checkliste fürs Aktieninvestieren im Gesundheitswesen

Der Gesundheitssektor bietet zwar enormes Wachstumspotenzial, ist jedoch auch schwer zu überblicken und in einigen Bereichen, etwa der Biotechnologie, hochvolatil. Innovationszyklen sind lang und der Marktzugang ist streng reguliert. Investoren, die blind auf Hypes oder vielversprechende Schlagzeilen setzen, riskieren hohe Verluste. Eine strukturierte Checkliste hilft dabei, rationale Entscheidungen zu treffen, emotionale Impulse zu kontrollieren und langfristig erfolgreich zu investieren.

Unternehmensprofil & Positionierung

- Was ist das Kerngeschäft des Unternehmens (Biotechnologie, Medizintechnik, Pharmazie, Diagnostik, digitale Plattform etc.)?
- Wie groß ist das adressierbare Marktpotenzial für die Produkte (Größe der Zielgruppe, Umsatz im jeweiligen Marktsegment, Übertragbarkeit auf andere Zielgruppen (z. B. Betroffene anderer Erkrankungen), erschließbare Regionen)?
- Ist das Unternehmen ein First Mover oder ein Nachzügler?
- Wie differenziert sich das Unternehmen von potenziellen Wettbewerbern?

Produktportfolio & Pipeline

- Welche Produkte existieren bereits am Markt?
- Wie sieht die Pipeline aus (Zulassungsstudien der Phasen I–III, Zulassungsstatus)?
- Wie realistisch ist der Markterfolg von Produkten in der Entwicklungspipeline nach aktuellem Kenntnisstand?
- Ist das Portfolio diversifiziert, eventuell sogar über die Gesundheitsbranche hinaus, oder bestehen Klumpenrisiken (Abhängigkeit von einem einzigen Produkt)?

Regulierung & Zulassung

- In welchen Regionen ist das Unternehmen aktiv? Welche Zulassungsbehörden sind zuständig (FDA, EMA, etc.)?

- Welche regulatorischen Hürden stehen noch bevor? Welche sind bereits genommen?
- Laufen bereits klinische Studien oder sind sogar bereits abgeschlossen? Wenn ja, wie sind deren Qualität, deren Status und gegebenenfalls deren Ergebnisse zu bewerten?
- Gab es in der Vergangenheit wesentliche Rückschläge, beispielsweise behördliche Ablehnungen?

Markt & Wettbewerb

- Wer sind die Hauptkonkurrenten?
- Wie hoch sind die Eintrittsbarrieren für neue Wettbewerber (hierzu zählen Burggräben wie regulatorische Hürden, Patentschutz, Wechselkosten oder der Bekanntheitsgrad in der Patienten- bzw. Ärzteschaft)?
- Gibt es Preisdruck durch Wettbewerber, Kostenträger oder politische Akteure?
- Wie stark ist die Verhandlungsmacht gegenüber Krankenversicherungen, Gesundheitsbehörden und der Gesundheitspolitik?
- Gibt es bekannte Risiken wie Patentstreitigkeiten oder Klagen?

Partnerschaften & Kooperationen

- Gibt es strategische Partnerschaften mit Pharma- oder Technologie-Giganten?
- Wie stark sind die Partner finanziell und technologisch aufgestellt?
- Werden relevante Lizenz- oder Meilensteinzahlungen erzielt?
- Ist eine Übernahme durch ein größeres Unternehmen, beispielsweise einen Pharmariesen, in Sicht?

Die vorangehenden Fragen sind auf die Besonderheiten von Aktieninvestments im Gesundheitswesen zugeschnitten und helfen in diesem speziellen Markt dabei, eine fundierte Anlageentscheidung zu treffen. Natürlich ist es sinnvoll, sich zusätzlich mit weiteren Aspekten auseinanderzusetzen – etwa mit Finanzkennzahlen wie KGV oder Buchwert, mit der Kapitalstruktur des Unternehmens, mit dem Verhalten des Managements oder mit makroökonomischen Einflussfaktoren. Eine detaillierte Betrachtung dieser weiteren Aspekte ist allerdings nicht Gegenstand dieses Buchs, das sich auf innovative börsennotierte Unternehmen aus der Gesundheitsbranche und ihren Market Fit konzentriert.

An Apple a Day keeps the Doctor away

Gesundheit ist ein Zustand, den viele als selbstverständlich ansehen – bis er verloren geht. Doch die alte Weisheit „an apple a day keeps the doctor away" erinnert uns daran, dass Vorbeugung besser ist als Heilung. Dieser Satz ist nicht nur eine Redewendung, sondern spiegelt eine tiefergehende Wahrheit wider: die Bedeutung eines gesunden Lebensstils für ein langes und erfülltes Leben.

Warum ein gesunder Lebensstil wichtig ist

Ein gesunder Lebensstil bildet die Grundlage für körperliches und geistiges Wohlbefinden. Wissenschaftliche Studien zeigen, dass eine ausgewogene Ernährung, regelmäßige Bewegung und ausreichend Schlaf nicht nur die Lebenserwartung erhöhen, sondern auch die Lebensqualität verbessern. Chronische Krankheiten wie Diabetes, Herz-Kreislauf-Erkrankungen und einige Krebsarten lassen sich durch gesunde Gewohnheiten in vielen Fällen vermeiden oder zumindest abmildern.

Eine Meta-Analyse der Harvard School of Public Health aus dem Jahr 2018 kam zu dem Schluss, dass 50-jährige Menschen, die eine gesunde Ernährung befolgen, nicht rauchen, Alkohol nur in Maßen konsumieren und regelmäßig Sport treiben, durchschnittlich eine 12-14 Jahre längere Lebenserwartung haben als jene, die diese Faktoren vernachlässigen. Dabei wirkt jeder einzelne Baustein wie ein Zahnrad in einem fein abgestimmten Uhrwerk: Nur wenn alle Komponenten harmonisch zusammenarbeiten, funktioniert der Mechanismus optimal.

Die Bausteine eines gesunden Lebensstils

Die **Ernährung** ist das Herzstück eines gesunden Lebensstils. Der erste Teil des Sprichworts „an apple a day" verweist auf die Bedeutung natürlicher, unverarbeiteter Lebensmittel. Obst und Gemüse sind reich an Vitaminen, Mineralstoffen und Antioxidantien, die den Körper vor schädlichen freien Radikalen schützen. Auch der Konsum von Vollkornprodukten, gesunden Fetten (z. B. aus Nüssen, Samen und Fisch) und ausreichend Proteinen trägt zur Gesundheit bei. Eine Studie, die 2019 in der renommierten wissenschaftlichen Zeitschrift „The Lancet" veröffentlicht wurde, ergab, dass weltweit rund 11 Millionen Todesfälle pro Jahr auf eine unausgewogene Ernährung zurückzuführen sind. Besonders problematisch sind zu viel Zucker, Salz und gesättigte Fettsäuren, die das Risiko für Bluthochdruck, Adipositas und Stoffwechselstörungen erhöhen.

Auch regelmäßige **Bewegung** ist essenziell für die Erhaltung der Gesundheit. Bereits 30 Minuten moderater körperlicher Aktivität an fünf Tagen pro Woche reichen aus, um das Risiko für Herz-Kreislauf-Erkrankungen, Diabetes Typ 2 und Depressionen erheblich zu senken. Laut der Weltgesundheitsorganisation (WHO) sind Bewegungsmangel und inaktive Lebensstile für etwa 5,3 Millionen Todesfälle pro Jahr verantwortlich. Bewegung beeinflusst nicht nur den Körper, sondern auch die Psyche. Regelmäßiger Sport fördert die Ausschüttung von Endorphinen, den sogenannten Glückshormonen, und hilft, Stress abzubauen. Studien zeigen zudem, dass sportlich aktive Menschen seltener an Demenz erkranken.

Erholsamer **Schlaf** und ein gesundes **Stressmanagement** sind oft unterschätzte Faktoren für einen gesunden Lebensstil. Chronischer Schlafmangel wird mit einem erhöhten Risiko für Herzkrankheiten, Depressionen und Übergewicht in Verbindung gebracht. Erwachsene sollten laut Experten mindestens sieben bis neun Stunden Schlaf pro Nacht anstreben. Ebenso wichtig ist der Umgang mit Stress. Chronischer Stress kann das Immunsystem schwächen, den Blutdruck erhöhen und die Entstehung von Krankheiten begünstigen. Methoden wie Meditation, Yoga oder einfache Atemübungen helfen, das Nervensystem zu beruhigen und die Resilienz zu steigern.

Last, but not least können soziale Beziehungen die Gesundheit maßgeblich beeinflussen. Zahlreiche Studien zeigen, dass Menschen mit einem stabilen sozialen Netzwerk glücklicher und gesünder sind. Einsamkeit hingegen wird mit einer erhöhten Sterblichkeitsrate in Verbindung gebracht. Unter anderem kann sie das Risiko für Herz-Kreislauf-Erkrankungen und psychische Probleme erhöhen.

FAZIT UND VERTIEFUNG

Die Wissenschaft unterstreicht immer wieder, wie stark der Lebensstil unsere Gesundheit beeinflusst. Eine groß angelegte Studie der University of Massachusetts aus dem Jahr 2011 fand heraus, dass Personen, die mindestens vier der fünf Kernfaktoren (gesunde Ernährung, Bewegung, Nichtrauchen, Maßhalten beim Alkoholkonsum und ausreichend Schlaf) einhalten, ihr Risiko für chronische Krankheiten um bis zu 70 % reduzieren können. Darüber hinaus zeigt die Forschung, dass selbst kleine Veränderungen große Auswirkungen haben können. Bereits der Ersatz von Softdrinks durch Wasser oder die Einführung eines zehnminütigen Spaziergangs in den Alltag kann die Gesundheit langfristig positiv beeinflussen.

Ein Apfel am Tag ist ein Symbol für die kleinen, aber bedeutenden Entscheidungen, die wir täglich für unsere Gesundheit treffen können. Ein gesunder Lebensstil ist keine Frage des Perfektionismus, sondern der Beständigkeit. Es geht darum, Schritt für Schritt Gewohnheiten zu entwickeln, die unser Wohlbefinden fördern und uns vor Krankheiten schützen. Ob durch den Genuss eines knackigen Apfels, einen Spaziergang im Park oder eine entspannte Meditation: Jeder Schritt zählt. Eine Investition in die eigene Gesundheit zahlt sich ein Leben lang aus und kann noch lebensverändernder sein als eine Investition in Aktien – egal ob im Gesundheitswesen oder andernorts. Wer gesund ist, maximiert zudem die Wahrscheinlichkeit für gesunde Entscheidungen an der Börse.

Studie zum Einfluss gesunder Lebensstilfaktoren auf die Lebenserwartung der US-Bevölkerung:

Studie zu den gesundheitlichen Auswirkungen von Ernährungsrisiken:

Studie zu den Auswirkungen körperlicher Inaktivität auf die weltweite Krankheitslast und Lebenserwartung:

Studie zu Lebensstilfaktoren, die mit einem verringerten kardiometabolischen Risiko verbunden sind: